経営革新

SAP ERPとDX
「データとデジタル技術の活用」

プレジデント社

まえがき

２００７年に、拙著『経営改革のためのＥＲＰ導入』を出版してから、すでに14年が経ちました。その間にＥＲＰを取り巻く環境は、思ったほどの変化もなく、平和に推移してきました。ということは大きな成長もなくということですが、さすがに10年以上経過すると、経済産業省のＤＸ（デジタルトランスフォーメーション）奨励やＳＡＰ社の新モデル「ＳＡＰ Ｓ／４ＨＡＮＡ®」の登場、さらには新型コロナウイルスの世界的な蔓延など、大きなトピックスが登場してきました。

だからということではありませんが、時代に取り残されたような前書を放置していることを、しばらく前から気にかけておりまして、この機会にリニューアルしようと重い腰を上げた次第です。

本書では、コロナ禍についての言及はしませんでしたが、経済産業省に協力してＤＸを進める取り組みと、これに絡めて「ＳＡＰ Ｓ／４ＨＡＮＡ」新機能の素晴らしさ、それに本書の主題である「ユーザダイレクト方式®」の新しい要素を追加したバージョンなどについてご紹介していきます。

いろいろ取り混ぜてまとめた結果、少しわかりにくい部分があるかもしれませんが、良いところだけを読み取っていただければと思います。

また、全体的には、ITに縁のないような社長さんたちにも読んでいただくことを意識して、平易な表現に終始して、さらに横文字やカタカナを使わないように努めています。ただ、その分、ITが得意な方には物足りないと思われるかもしれませんが、ご容赦いただければと考えています。


経済産業省のDXレポートでは、システムの刷新も、運用もコストをかけ過ぎないように、そして、短期間で済ませられるようにしなければ普及が進まない、としつこく訴えています。確かに、日本独特といえるITサービス文化は、早めに見直していかなければ、周回遅れのDXどころではなくなってしまいます。

そんなことを解消するためにも、本書が、少しでもお役に立てたら幸いです。

目次

第二章 「SAP S/4HANA」の可能性

第三章 経営ビジョンとビジネスデザイン

第八章 DX推進に活用できるSAP製品

第一章

DX時代を生きる企業

世界的な危機の中で見えてきた日本の課題

コロナ禍で露見した日本のデジタル感覚

２０２０年４月７日。この日、新型コロナウイルス感染症拡大防止のために緊急事態宣言が発出されました。対象は当時感染が拡大していた東京を始めとする７都府県でしたが、その数日後には、対象が全都道府県にまで拡大されました。それほどまでに、新型コロナウイルス（以下、コロナ）は急速に日本国内に広まっていきました。本稿を執筆している現在（２０２１年３月時点）では、前述の緊急事態宣言は解除され、少しずつではありますが、我々の生活はコロナ禍前のものに戻りつつあります。ただ、「ｗｉｔｈコロナ」や「ａｆｔｅｒコロナ」などの言葉が示すように、我々は当分の間コロナとともに、これからの生活をうまく回していかなければなりません。

コロナが蝕んでいったのは、健康だけではありません。経済にまで大きな影響を及ぼし、酷く蝕んでいるのです。そんな中で露見したのは、日本のデジタル感覚の欠如といえます。

コロナ禍について、日本政府が打った主な策としては、各種給付金の支援や感染者の接触確認アプリ「COCOA」の導入などが挙げられますが、ほかにも、SNSの一つであるLINEを用いた利用者のコロナ禍における生活状況の調査や、毎日の感染者数の把握、感染者受け入れホテルの確保など多様な政策が展開されました。しかし、それらは質、量ともに不十分なものでした。例えば、各種給付金の支給については1ヵ月以上かかった自治体も多く、申請者には忘れた頃に給付金が支給されるような状態で、このスピード感は、一刻も早く支援が欲しいという人たちにとって納得できないものでした。個人への給付や事業者への支援が、期待されるようなスピード感で実現されなかったことは、個人・事業者それぞれに、大きな負担や悲惨な結果をもたらしました。

こういった多くの場面で、システムを十分に機能させることができず、伝統的な手作業に頼らざるを得ない状態だったことが、様々な弊害を生んだ原因といえるでしょう。

システムの一元化へ乗り出した日本政府

政府は、2021年秋に「デジタル庁（仮称）」という新しい行政機関を設置すると発表しました。この背景には、コロナ禍における行政手続きの遅れや各省庁の連携不足が露見し、さらには、電子政府プロジェクトについてもその進捗具合がはかばかしくなく、国際的に見ても遅れが顕著で、それら山積みの課題を解決しなければならないことがあります。この「デジタル庁」は、各省庁のデジタル化推進を統括する立場として、各省庁間や地方自治体、各機関などの間でデータのやり取りを促進するための仲立ちをしたり、行政手続きだけではなく、組織間連携全般の効率を上げるための仕組みの構築を推進したりすることなど、大きな役割を担うことになります。

そして、こうした動きが、想定通りに展開されることが期待されています。

このデジタル庁新設の発表に先立つこと2年、日本におけるデータとデジタル技術の活用の遅れに対応し、それらの活用を促進するため、経済産業省は2018年9月に「DXレポート～ITシステム『2025年の崖』の克服とDXの本格的な展開～」を公表し、「国内企業が使う基幹業務システムの複雑化やブラックボックス化の解消が経営上の大きな課題となっていること」「このような課題が解決できないと2025年以降甚大な経済損失が生ずる可能性があること」を取り上げました。

その一方で、「既存システムを刷新しつつDXを実現することで2030年までにはGDPの大幅な押上げが期待できること」を想定しています。

あわせて経済産業省は、ＤＸを推進していく指針として「ＤＸ推進ガイドライン」を公開しました。これは国がＤＸに本格的に乗り出してきたことを示すもので、コロナ禍におけるシステムの不備と相まって、マスコミや企業においてもＤＸに対する認識が急激に高まってきました。

データとデジタル技術の活用を！

この「ＤＸ推進ガイドライン」によれば、「ＤＸ」の定義は次の通りになります。

「企業がビジネス環境の激しい変化に対応し、データとデジタル技術を活用して、顧客や社会のニーズを基に、製品やサービス、ビジネスモデルを変革するとともに、業務そのものや、組織、プロセス、企業文化・風土を変革し、競争上の優位性を確立すること」

つまり、「データとデジタル技術を活用」することによって、顧客や社会のニーズを満たしながら、製品・サービス・ビジネスモデルなどを「変革」しつつ、業務自体や組織、プロセス、企業文化・風土も「変革」し、それによって競争上の優位性を確立することが、「Ｄ

X」だということです。

これは、情報システムの「価値、生む活用」が実現されている状態にほかなりません。この「価値、生む活用」とは、数値（＝データ）に基づく経営管理によってスピード経営を実現し、業務改革や経営改革を達成している状態、つまり「企業活動の改革や効率的な稼働のために、情報システムを日常的に活用できている状態」を表す言葉で、「価値、生む活用」については第五章で詳しくお話しさせていただきます。

さて、DXで重要なポイントは、データとデジタル技術を「使う」だけでは、データとデジタル技術の「活用」が成されたとは見なされないということです。

データとデジタル技術を「活用」するためには、データとデジタル技術を「使う」ことによって様々な変革を起こし、競争上の優位性を確立しなければなりません。そのような結果が伴うことによって初めて、データとデジタル技術が「活用」されたことになります。

既存のビジネスモデルを変え、さらには会社の組織、プロセス、企業文化・風土まで変えなければならないのですから、大変という一言では収まり切らないぐらいに大きな革新を実現しなければなりません。

もちろん、「既存のモデルや文化・風土では、今後、うまくいかないから」という大前提もありますが、DX推進のためには、データとデジタル技術の活用の基となるシステムの抱える課題を、真っ先に解決していく必要があります。

システムを変えられない、システムがわからない……

日本の企業がうまくデータとデジタル技術を「活用」できていない理由には、二つの側面があります。

まず一つ目は、既存のシステムを「変えられない」ことです。これは、これまで既存のシステムをつくり込んできた「現場の存在」がネックとなっているといえます。そのシステムで特に大きな問題もなく順調に業務を推進している現場にとっては、ここでシステムを刷新することの動機を持ち合わせていません。システム刷新には、大きな負荷がかかり、システムが安定するまでは多くのトラブルに見舞われる可能性があります。現場にとっては、ネガティブなイメージしか湧いてこないでしょう。それどころか、自身が構築してきたシステムを破棄することへの反感は推して知るべしです。

企業にとって「現場の存在」は、無視できないものです。経営側がシステムの刷新をするという決定をしても、現場が動かなければ何もできません。長年、経営トップが関心を示さず、現場任せでやってきたことが、20年、30年前に導入したシステムを使い続けている結果なのです。従って「変える」ためには、時間をかけて、トップ主導で現場を説得していくしかありません。ただし、こういった反対陣営が、推進側に回ったときには、最も強力な推進者になっていきます。そういった例は、数多く見てきました。

データとデジタル技術をうまく「活用」できていない二つ目の側面は、システムのことが「わからない」ということです。日本の産業界においては、こちらのほうが大きな問題かもしれません。つまり、企業トップのシステムに対する関心や理解が高くないということになります。

現場の人たちがシステムを把握したとしても、トップの「データとデジタル技術」に対する理解不足があれば、何も進みません。「データとデジタル技術」が、工場管理や製品技術、販売管理などの実務と同じように、企業トップに関心を持って理解され、事業上の重要な機能と認識されることが、DXに対応するための重要な第一歩になります。

日本の産業界では、システムのことは外部のITベンダーに任せきりで、自社ですべてを構築し、運用している企業は非常に稀、という状態が伝統的に続いています。そのため自社システムを導入する際も、その仕様はITベンダーの意向に影響を受け、システム稼働後のサポートも外部ベンダーに依存するケースが多いようです。

こうなると、「自社の意向を反映した」システムを新規に構築することは、決して容易ではありません。

図1―1は、日本とアメリカの、一般企業と外部ベンダーにおけるシステムエンジニア（SE）の所属人数割合を表したグラフです。日本では、一般企業に属するSEは28％で、外部ベンダーに属するSEが72％になっています。一方、アメリカではこの比率が逆で、一般企業に属するSEが65％、外部ベンダーに属するSEが35％です。また、日本の一般企業に属するSEは、主として管理的な業務に就いており、アメリカの外部ベンダーに属するSEは、専門性の高い技術の支援を提供するケースが多いようです。

図1-1　日米のIT人材の分布

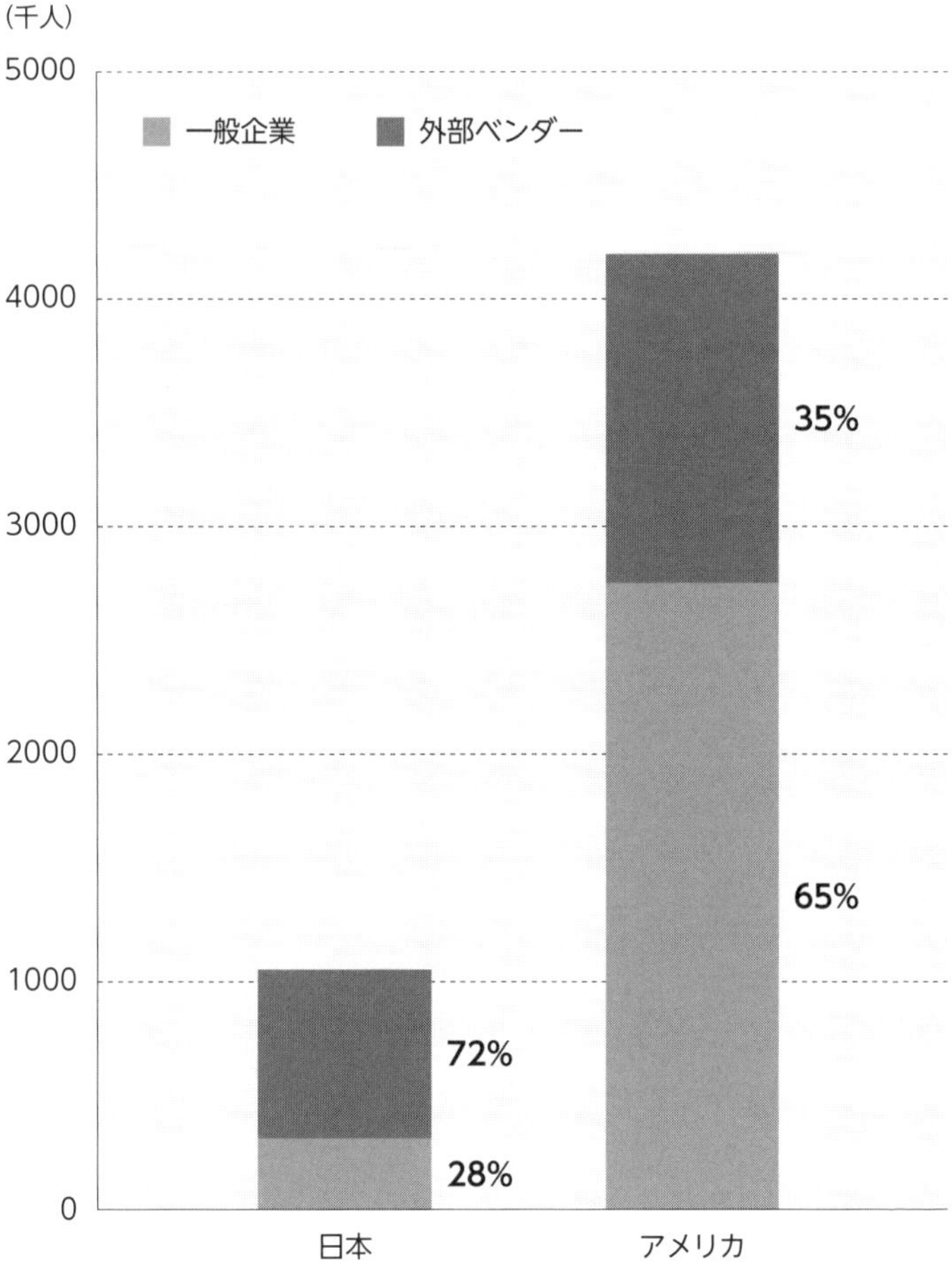

日本では、一般企業に属するSEは28%で、外部ベンダーに属するSEが72%。アメリカではこの比率が逆で、一般企業に属するSEが65%、外部ベンダーに属するSEが35%である。

(出典：IPA(独立行政法人　情報処理推進機構)　IT人材白書2017)

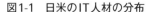

国内におけるDXの取り組み

コロナ禍を契機に急激に高まるDXの波

コロナ禍を契機に、DXはにわかに注目されるようになりました。新聞や雑誌には連日のようにDX関連の記事が掲載され、DX関連の書籍も多く見かけるようになっています。元々、コロナ禍前からDXガイドラインが公表されていたように、DXは、経済発展・事業発展のために、必須の要素であるとされていました。ただ、今回のコロナ禍によって、データとデジタル技術の活用による効果がよりリアルに認識され、急速にデータとデジタル技術に対する環境整備の必要性が広まり、データとデジタル技術に関わる投資の価値が裏付けられるようになっています。

コンビニエンスストアにおけるPOSシステム

DXの例として、なじみの深いコンビニエンスストアについて考えてみましょう。注目すべきは、1980年代後半に導入されたPOS（Point Of Sales：直訳すると「販売時点情報管理」）システムです。このPOSシステム（以下、POS）は、「どの商品が、いつ、どんな価格で、どんな年代・性別の人に、いくつ売れたか」といった情報をリアルタイムに取得・登録し、管理できるもので、コンビニエンスストアではレジスターとして使われています。当時、通信技術や通信機器が発達した情報社会となり、「人の好み」が多様化したために、お店では生活者のあらゆる需要に対応しようと、豊富な商品を取り揃えていました。とはいえ、「何がどれだけ売れたか」を管理することは容易ではありません。そこで、POSは、そんな煩雑化した販売管理を楽にする仕組みとして普及してきました。

多くのチェーン店を抱える企業にとってPOSは、顧客や商品データの一元管理を行うために必要不可欠のシステムといえます。さらに、単純に商品の売上を計算するだけではなく、販売実績を品物ごとに集計し、そのデータをマーケティングや在庫管理に活用したり、生活者の傾向や天候との関係という売上以外のデータ集計も可能にしました。

POSで集計・管理できるデータとしては、「商品がどこのお店で売れたか」「商品の在庫はどのくらいか」「最も人気の高い商品は何か」……などがあります。これらのデータを活用することで、発注業務の負荷が軽減されるだけでなく、在庫管理の精度を高めることができ、過剰在庫や売り逃しを予防し、経営効率の向上を実現することができます。

さらには、顧客の嗜好にマッチした商品の仕入れや新商品の開発に貢献することも可能で、現在、POSはコンビニエンスストアだけではなくスーパーマーケット、アパレル店舗、飲食店、ホテルなど、各種施設で導入されています。

様々な業界におけるDX事例

POSは、今から40年も前に導入が始まったものですが、昨今のDXの事例を見てみると、WEB会議システムや電子認証、キャッシュレスなどはコロナ禍を契機にあっという間に普及し、今や「当たり前のもの」として浸透しました。それぞれが導入された直後は、システムを活用した「新しい日常」……という新鮮な感覚があったと思います。当初こういったシステムにネガティブな感覚を持っていた人たちも、実際にWEB会議システムなどを使って慣れてくれれば、もはや違和感はなくなったのではないでしょうか?

DXは、ビジネス面や生活面だけでなく、医療の分野でも各種事例が紹介されています。オンライン診療システムや診断画像管理システム、医師の知見交流サイト、病院経営の管理システムなどが普及しており、若い企業の斬新なデジタル技術が活用されている点が印象的です。元々、医療業界は、〝宝の山〟となるような非常に多くの情報があるにもかかわらず、それらが埋もれたままで、医療関係者同士の情報交換の手段も機会も少ないという世界でした。こうした世界に対して、革新的なデジタル技術が導入されて、新しい動きが始まりつつあるように思われます。まさに、DXが推進されつつある状況です。

さらに製造業の分野においても、コロナ禍の影響により、工作機械や工場の遠隔監視のニーズが高まり、部分的なシステムの導入だけでなく、産業ロボットメーカーや工作機メーカー、あるいは計測機器メーカーによる生産現場全体への自動化サービス導入の取り組みを耳にするようになりました。

日本における工作機などの業界は、世界に対しても競争力があるため、古くからデジタル技術を多く活用し、自動化、効率化に取り組んできています。特に、自動車業界におけるロボットや工作機械の導入は高いレベルに達しているといえるでしょう。

建設土木業界でも、建設土木機械の自動化やドローンによる計測の効率化など、省力化のみならず高技能者の不足に対する対策や、計測精度の向上による工事品質の向上などを支援する事例も見られます。また、この業界では、建造物の運用管理を支援するシステムも開発されており、空調やエレベーター、建物内を自動走行するロボットなど、様々な機器の制御機能が連携し、建物の運用管理を自動化、効率化しています。

日本のDXのタイプと、その活路

「DX」における五つのタイプ

今まで述べてきたDXの姿は、様々な取り組みでのほんの一部にすぎず、各業界の中でDXの事例は数多く展開されています。そうした状況を見る限り、日本がデジタル技術の活用で周回遅れだという印象は感じられません。

ただしコロナ禍において露見した、行政におけるデジタル技術の活用に対する悲惨な事態を例とするなら、周回遅れとされた指摘も納得できます。

様々な業界でDXは進んできていますが、そんな事例をザッと眺めてみると、DXの姿にはいくつかのタイプがあるようです。

わかりやすい特徴が見出せないかといろいろ考察を試みてみましたが、これだという答えは導き出せません。それでも大まかにわけてみたところ、それなりの違いが少し見えてきます。こうしたことを地道にやってみることで、自社でも挑戦できるテーマを考えるヒントくらいは、見つけられるのではないでしょうか。
次に記すのが、分類してみたDXの五つのタイプです。

①　**WEB上でのサービス機能を提供**
WEB会議、各種SNS、リモートワークツール

②　**WEB上でのサービスを提供**
音楽配信、フリマアプリ、通販型保険

③　**アプリケーションの提供とサービス**
「SAP ERP」会計ソフトなどの業務アプリケーション

④　**機器＋ソリューション**
POS、自動運転自動車、産業ロボット

⑤　**ソリューション構築サービス**
工場の自動化サービス、在庫物流管理サービス

右記①、②のようなWEB上のサービスでは、フェイスブック、グーグル、アップルが提供するような大きな事業にまで発展した例を見ることができますが、比較的小規模な事

業としても起業しやすい分野だと思われます。

また④、⑤の分野の事業は、一部を除いて、蓄積された知見や成果物が要求されるケースが多く、それなりの規模と実績のある事業体が得意とする分野です。

DXに活路を見出せば、経営改革は十分に実現できる

DXを積極的に推進する企業は、医療分野のDXの例に見るように、フットワークが軽く、柔軟な発想を持つ若いベンチャー企業が多いように見受けられます。医療業界でいえば、伝統的な文化や習慣に対して、それに囚われない発想をすることによって勝算が生まれてきたのではないでしょうか。

聖域と考えられている分野や、挑戦がタブーとされていた世界が存在していれば、そこにこそ宝が眠っているといえるかもしれません。

その一方で、豊富な事業経験を有する企業は、広く深い知見や技術、ノウハウ、経験豊かな人材を持ち、さらに、資金力も豊富で、そうした資産を基に、前例のないDXの世界への進出を決断し、革新的な事業を具現化していく力があります。

グーグルやアップルが車の自動運転技術を開発し、ソニーが電気自動車を開発するといった事例は、その典型でしょう。今後もＤＸの事例として、多くの時間と資金を要する業界の枠を超えた事業を手掛けるケースも数多く現れるものと考えられます。

このように、ＤＸに挑戦する企業は、若手ベンチャー企業と歴史の長い大手企業に二分される傾向があるように見られます。

そんな中で、この二つのグループの狭間に嵌まり込んでしまった中堅企業は、古典的なビジネスモデルと古典的なリソースを抱えて、ＤＸに動き出しにくい状態にあるのではないでしょうか？

従来であれば、資本・人材・技術・販路などの蓄積がなければ新たなビジネスを始めるのに高い障壁がありましたが、情報化社会においては、デジタル技術さえマスターしていれば、新分野への参入に越えるべきハードルは低いといえます。

若手ベンチャー企業や大手企業だけでなく、中堅企業でもそういう活路があることを理解し、実際の行動へ移すことができれば、ＤＸによる新領域への事業進出、ひいては経営改革を実現するチャンスは十分にあります。

ＤＸに挑戦し、基幹業務システムを刷新して経営改革を実現する

それでは経営革新を志向する企業をイメージして、ＤＸへの挑戦を考えていきたいと思います。ただし目的もなく挑戦してもうまくいきませんので、まず目指すところはどこか、ということを確認します。ここで改めて、「ＤＸ推進ガイドライン」を見てみましょう。

・ＤＸとは

「企業がビジネス環境の激しい変化に対応し、データとデジタル技術を活用して、顧客や社会のニーズを基に、製品やサービス、ビジネスモデルを変革するとともに、業務そのものや、組織、プロセス、企業文化・風土を変革し、競争上の優位性を確立すること」

・ＤＸ実現シナリオとして

「既存システムを刷新してブラックボックス状態を解消し、システム上のデータを活用し本格的なＤＸを可能とする」

この内容を踏まえて以降では、基幹業務システムの刷新をテーマに取り上げていきます。

ブラックボックス化した基幹業務システム

システムのブラックボックス化を解消する

システムのブラックボックス化は、「DXレポート」においても指摘され、日本のIT環境における大きな課題として取り上げられています。その理由は、日本企業がデータとデジタル技術を「活用」できていない理由としても挙げましたが、特に多いのは、長期間にわたって使用され、システムの修正や機能追加を幾度となく繰り返してきたことです。

しかも、古いタイプのシステムは、必要な機能だけを盛りこんだ手づくりのシステムか、仮にそれがパッケージシステムだったとしても、会計、販売、購買、生産管理などの機能がバラバラにつくられている製品で、全社横断的なデータ活用はほとんどできないと思われます。だからこそDX時代に備えて、ブラックボックス化の恐れが少なく、長期間の使用に耐えられる最新の技術で裏打ちされたシステムに構築し直すことが、最善の選択と考えられます。これは先にお話しした情報システムの「価値、生む活用」を実現するための第一歩だともいえます。

基幹業務システム刷新時の課題

まずはDXによる経営改革を実現するという目的を持ってシステムの刷新を図り、長期間の使用に耐えられるシステムを構築することが求められます。

この取り組みは決して容易なことではありませんが、10年に一度、あるいはもっと長期間に一度しか巡ってこない貴重なタイミングです。基幹業務システムの刷新を意味のあるものにしなければなりません。ここで基幹業務システムの刷新に着手する前に検討しておくべき課題について考えてみたいと思います。

初めに必要となるのが、DXに対応できる人的、組織的な体制づくりです。新たなシステム開発には、システムエンジニアの存在が不可欠です。しかし、前述した通り、日本特有の事象なのか、社内に十分なシステムエンジニアを抱えている企業は決して多くありません。これは日本におけるデジタル技術の普及を阻害する大きな問題です。

先にもご紹介しましたが、アメリカでは、ベンダー企業の抱えるシステムエンジニアとユーザ企業の抱えるシステムエンジニアの人数比は35：65です。つまり、アメリカでは技術開発において、ユーザ企業自らがハンドリングし、低コストかつ短期間で課題へ対応できる状態にあると考えられます。そのため、外部のベンダーに頼る部分は、専門性の高い技術についての支援に限られます。

これに対して、日本はベンダー企業が抱えるシステムエンジニアとユーザ企業が抱えるシステムエンジニアの人数比が逆転し、72：28になっています。つまり、ほとんどのシステム開発は外部のベンダーに丸投げしているという状態です。またその維持管理も、実質的に外部のベンダーが担っている場合が多く、ユーザ企業の情報システム部門は開発業務より管理業務が中心というケースが多いといえます。以上のようなことから、日本におけるDX、あるいはデジタル技術の普及に関する次のような問題が見えてきます。

1．社内にデジタル技術に関する知見が十分にない
2．経営陣のデジタル技術に関する関心が薄い
3．基幹業務システムがブラックボックス化している
4．システム開発に多額の費用と長い時間がかかっている

残念ですが、これが日本の「デジタル技術」分野の縮図であり、現在こうした問題を抱えて、身動きが取れなくなっている企業も少なくないと思われます。

ここで示した、日本企業におけるシステムエンジニアの少なさの問題は根の深いものでもあるため、短期間で簡単に対策を打つことはできないでしょう。そこで、これ以外の各種の課題について、短期のものと中長期のものとに分けて考えてみたいと思います。

1．速やかに取り組むべき課題

①最高情報統括役員（ＣＩＯ）の任命
②事業革新アイデアの提案、推進プロジェクトの設置

2．引き続いて取り組むべき課題

③ブラックボックス化した基幹業務システムの刷新

3．中長期の課題

④システムの自社開発体制の確立

それでは順番に見ていきましょう。まず「速やかに取り組むべき課題」についてです。

①　最高情報統括役員（CIO）の任命

この課題は、ＤＸ推進を担う経営幹部レベルの責任者を任命することになります。これは、決して容易なことではないと推察します。ＤＸに限らず、どんな課題についても新しくプロジェクトを始める場合には、真っ先にその責任者を任命することになります。最高情報統括役員「ＣＩＯ／Chief Information Officer」という役職者を置くことが初めて

ということでしたら、まさにDX時代の最も象徴的な出来事ではないでしょうか。CIOを任命することで、社内にDX推進の意思を示す意味でも迅速に実現することが期待されます。

② 事業革新アイデアの提案、推進プロジェクトの設置

DXへの着手を決めた後、次に行うことは、DXの候補テーマ立案で、できることなら、全社プロジェクトとして推進することが望まれます。DX推進ガイドラインには、DXの要件として「企業文化・風土を変革」という要件も含まれていますが、全社プロジェクトとして始めることによって、社員の中でDXに対する関心が醸成されていきます。例えば「DXのアイデアを募集する」というテーマで進めれば、自社のDXへの取り組みに参加しやすく関心も高まるでしょう。どんな形で進めるかは工夫のしどころですが、小さくても、大きくても、当たり前のことでも、斬新なことでも制約なく受け入れ、とにかく社内に新しい動きをつくり出すことが最初のアクションとして重要です。いろいろ工夫を繰り返しながら、全社プロジェクトとして進めることでDXが社内で市民権を獲得し、デジタル技術の活用が広がっていくものと考えます。しかし、何と言っても一番の期待ポイントは、経営陣のDXに対する知見の高まりでしょう。それによって、最終的には経営ビジョ

ンとしてＤＸについての新しい動きが始まります。

例えば「新事業への進出」という大きなテーマでもいいですし、「既存事業の強化」、あるいは「顧客満足度向上に向けてデータとデジタル技術を活用する」というテーマでもいいでしょう。さらには基幹業務システムの刷新を兼ねた「経営管理や事業管理にデータ・デジタル技術を活用する」というものも取りつきやすいテーマです。

③　ブラックボックス化した基幹業務システムの刷新

ＤＸ時代に備えるにあたって、その中核となる基幹業務システムは、ブラックボックス化しないこと、10年、15年の長期にわたって生ずるビジネス環境や業務プロセスの変化に柔軟に対応できること、さらには、ダイナミックにデータの活用ができることなどの条件が求められます。加えて事業の発展に応じて子会社を組み入れることが容易なこと、複数の言語や通貨、多様な事業プロセスにも対応でき、グローバル化への備えも可能なことが期待されます。

こうした条件を満たすシステムとしては、ドイツのＳＡＰ社が提供する統合基幹業務システム「ＳＡＰ ＥＲＰ」が第一の候補に挙げられます。これは、グローバルスタンダードといわれる、アメリカの経済誌「Ｆｏｒｂｅｓ」の統計、Global2000（世界のトップ２０００社）

のうち、91％の企業が「SAP ERP」のユーザとなっていることにも示されてます（SAP社ホームページより）。

第二章で詳しくご紹介しますが、「SAP ERP」は、プログラミングを必要としないシステムパッケージで、必要な業務要件は、パラメータの設定だけで、業務プロセスを構築していくことができる画期的なソフトウエア製品です。

例えば、「受注」という要件については、製品の引き当て、納期、価格、出荷方法、請求などの項目（＝オブジェクト）をあらかじめ設定しておきます。それによって「受注」というアクションに対して必要な処理は、各種業務システムが自動連携して実行され、同時に会計データも更新されます。こうした機能を自社開発する場合には、あらゆるケースに対応するために膨大なプログラムを書くことが要求されます。

しかし「SAP ERP」を採用すれば、非常に簡単な作業でシステムを構築することが可能で、さらにはどのような条件でシステムが作られているのかも一目瞭然です。ブラックボックス化を心配する必要もありません。

また「SAP ERP」におけるパラメータの設定は、取引スタイルが標準的であれば、追加のプログラム開発が不要です。世界中のユーザ企業が利用している機能と同じものを使うことになりますので、標準的な取引スタイルである限り、システムがブラックボックス化することはありません。

④　システムの自社開発体制の確立

ＤＸ時代に備えるための重要な課題の一つは、自社のシステムを新たに開発し、運用を自ら担うシステムの自社開発体制をつくり上げることです。扱うシステムの規模によって異なりますが、数十名、あるいは数百名の規模のメンバーからなるチームが必要です。人材を獲得するとともに、育成することになります。その方法について考えてみましょう。

まず、システム開発リソースの確保と同時に、従来の情報システム部を含めた組織体制の整備が大きな課題です。そして、ＣＩＯをトップにした企画部門、管理部門、アプリケーションチーム、インフラ管理チームを含めた組織づくりとそこに属する人員の充足、育成も大きな課題となります。この課題が解消することによって、データとデジタル技術の活用が、身軽に、迅速に推進されるものと思料されます。

ＣＩＯを含めたＩＴ関連の人材は、専門性を必要とするだけあって一朝一夕には確保し育成することは難しそうな印象があると思いますが、基本的な手順を踏んでいけば順調に整えていけるものと考えます。

この課題については、第七章でご紹介します。

Column

「発想力、ひらめき！」

新しいアイデアを発想する必要性に迫られたとき、どうするか……。人生においても、ビジネスの世界においても、技術の世界においても、目の前に現れる難題には、常に立ち向かわなくてはなりません。そして、それを乗り切るにはどうすればよいか。そこには、正解はないと思います。ただ努力あるのみか、幸運の女神が舞い降りてくるのを待つか、いつもの誰かを頼るのか、はたまた諦めて放り出すのか……。

ただ、放り出したり、誰かに頼っていては、幸運も舞い降りてこないでしょう。諦めずに頑張ることが、自身の存在を示す証のようなものです。とにかく、頑張りましょう。

アイデアを発想するのに必要な条件は三つあると考えます。その一つ目は、自身の記憶の中に可能な限り多くの情報、データを収録すること。そのジャンルは問いませんが、できるだけ広範な、多様なものの方がよいでしょう。二つ目は、自身の内から強い意志で発想しようとすること。ほかからの圧力で考えるのではなく、自身の内から出る圧力、内圧で考えようとすること。三つ目は、自身を精神的にリラックスした状況に置くこと。お風呂や温泉にゆっくり浸かる、寝床やトイレでフリーな気持ちになる、列車に揺られてのんびり車窓を楽しむなど、そうしたときに、あっそうだ！ とアイデアがひらめきます。本当かどうかは知りませんが、日本の寺院でも、キリスト教の教会でも、イスラム教のモスクでも、いずれも薄暗く、静かな中で、読経、賛美歌、コーランの声などが響き渡ることで、参拝者は、心がリラックスし、“悟り”が開けるのだろうと思っています。

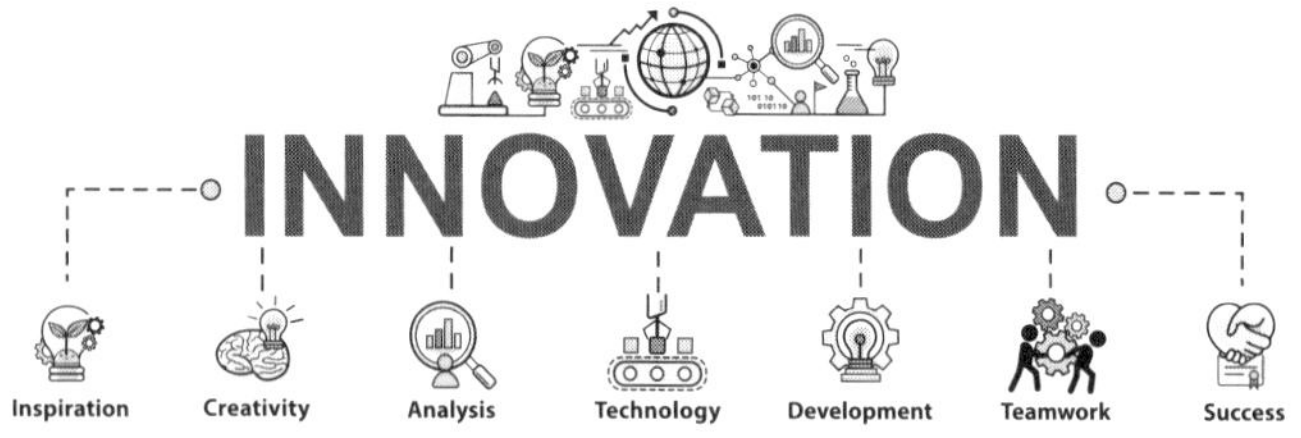

第二章

「SAP S/4HANA」の可能性

業務系アプリケーションの頂点に君臨する「SAP ERP」

「SAP ERP」は、現存するERPパッケージの中で最も進化した製品

この章では、独SAP社の提供する統合型ERPパッケージ（以後、「SAP ERP」）についてご紹介します。

「SAP ERP」は、全世界で40万社以上、日本でも2300社以上の企業が導入している世界シェアNo.1のERPパッケージで、現在の最新バージョンは2015年にリリースされた「SAP S／4HANA」です（以後、「SAP ERP」として話を進めます）。

最初に説明しますと、ERPとは「人」「モノ」「カネ」といった経営資源を全社レベルで統合的に管理・活用することで、経営の効率化を実現しようという考え方です。ERPの正式名称は「Enterprise Resource Planning」で、日本語では、「経営資源計画」や「企業資源計画」などと呼ばれています。

このERPの考え方をひとまとまりの業務システム群として実現したのが「ERPパッ

ケージ（既製のソフトウエア製品）」で、その特長を端的にいうなら、「財務会計・管理会計、販売管理、購買管理、在庫管理、生産管理といった企業内の基幹業務機能を統合したシステム（統合基幹業務システム）」ということになります。「ERPパッケージ」は「企業レベル」「事業レベル」という視点を包含した経営管理のための〝道具〟であるといえるでしょう。

そして「SAP ERP」は、現存するERPパッケージの中で最も進化した製品だと考えられます。

「ホワイトカラーの生産性を向上」させ、「全社業務の省力化や自動化」を実現する優れた経営管理ツールです。

「SAP ERP」の第一の特長として挙げられるのが、「統合データベース」です。「統合データベース」には、江戸時代の商人が顧客との取引内容をすべて記録していた「大福帳」のように、受注から仕入れ、出荷、返品、請求、入金といった事業活動におけるすべての取引を〝伝票〟の形で記録していきます（ここでいう〝伝票〟とは、「取引データ」のことです）。

「SAP ERP」では、この「統合データベース」に記録されているデータを、すべての

図2-1　SAP ERPでは、一つのデータベースに情報を記録

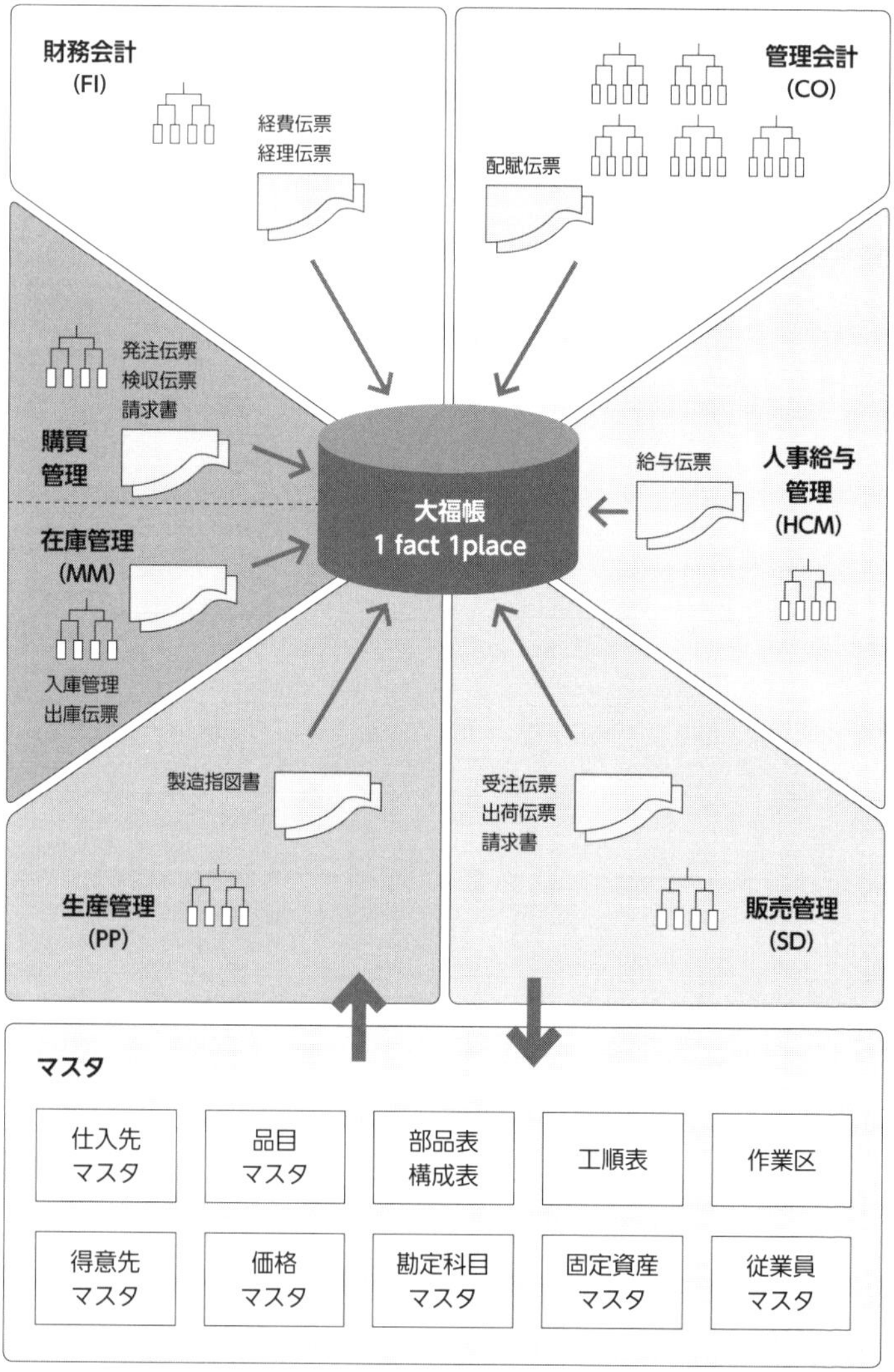

（出典：SAPジャパン）

業務システムで共用することになります（図２－１）。全社共通の「統合データベース」を一つだけ持つことによって、これまでバラバラにデータを記録していた各業務システムが、「整合性」を常に維持しながら「リアルタイム」で連携することが可能になります。

逆の言い方をするなら、取引内容のすべてを一つの「統合データベース」に記録していくことこそが、ＥＲＰの考えを具現化するために必要な「統合型の業務処理」と「リアルタイム性」を実現することにつながっていく、ということです。

これは、「個別業務の省力化」に重点が置かれていた従来のシステムとは、決定的に異なるところです。

リアルタイム統合システム「SAP ERP」が提供する機能群

基幹業務に関するすべてのデータ処理機能を搭載した「SAP ERP」

「SAP ERP」では、基幹業務に関するすべての業務がカバーされています。具体的には、財務会計・管理会計、販売管理、購買管理、在庫管理、生産管理、人事管理などの業務分野です。

これらの業務で入力され生成されたデータは、唯一の存在である「統合データベース」に記録され、他の業務でも即時に活用することが可能です。

例えば、ある原材料を購入した場合、その購入データは生産用資材の「在庫数量」に即時に反映され、購入元との「取引数量」にも加えられ、同時に生成される会計データは「買掛金」として参照でき、原価計算上の「原材料費」として反映されることになります。

こうした「統合型の業務処理」が、統合データベースの存在によって「リアルタイム」に行われます。

また、単に実務で利用するデータが更新されるというだけではなく、取引先ごとの「収益性」を表すデータや各事業部門の「売上」や「損益」の数値、さらには会社全体の「経営実績情報」などの分析用データまで含めて、即時に更新されることになります。

ここでもまた統合データベースの存在が大きな威力を発揮します。

「SAP ERP」の機能群①:「モノ」の流れに関する業務処理機能

ここからは、「SAP ERP」の具体的な機能や特長について、主なものをご紹介していきます。

図2－2に示すように、「SAP ERP」は、資材や商品など「モノ」の流れに関連した「ロジスティックス系」の業務処理機能、「カネ」の処理や管理に関する「会計管理」の機能から成ります。

「ロジスティックス系」の機能には、購買/在庫管理、生産管理、販売管理、プラント保全、品質管理などの「物的流通の管理活動」の業務領域をカバーする機能があり、その各々には、さらに細目の具体的な業務機能が装備されています。

図2-2 「SAP S/4HANA」のモジュール一覧

ロジスティクス			
MM（購買／在庫管理）		**PM（プラント保全）**	
購買契約	在庫管理	保全通知	事後保全
購買発注	在庫評価	保全指図	保全プロジェクト管理
請求書照合	実地棚卸	予防保全	設備管理
PP（生産管理）		**QM（品質管理）**	
基準生産計画	製造指図	品質検査計画	品質通知
補充計画	製造実績管理	品質検査結果管理	品質証明書
MRP	プロセス生産	不良管理	
詳細スケジュール計画	繰返生産		
かんばん	受注生産		
SD（販売管理）		**EWM（倉庫管理）**	
見積管理	請求管理	入荷／出荷管理	梱包計画
受注管理	与信管理	倉庫内在庫移動	クロスドッキング
出荷管理	貿易管理	棚卸	流通加工
		ヤード管理	労務管理
LO（ロジスティックス基本機能）		**TM（輸送管理）**	
品目マスタ	設計変更管理	配車・船舶予約管理	輸送費管理
ロット管理	バリアント管理		

会計			
FI（財務会計）		**PS（プロジェクト管理）**	
一般会計	固定資産管理	プロジェクト計画	プロジェクト実行
連結会計	決算	プロジェクト予算管理	プロジェクト進捗管理
債権管理	キャッシュマネジメント		
CO（管理会計）		**EC（経営管理）**	
間接費管理	プロジェクト会計	利益センター会計	連結会計
製品原価管理	活動基準原価計算	経営情報管理	
収益性分析			

人事管理			
人事管理		**人事計画**	
人材管理	採用計画	組織計画	セミナー管理
旅費管理	勤怠管理	適性分析	人員配置計画
給与管理		人件費計画	

（出典：SAPジャパン）

一般的にロジスティックスといえば物流業務のみを指しますが、「SAP ERP」では、もう少し広い意味でこの言葉を定義しており、原材料の調達から実際の生産活動、在庫の管理、そして最終的な納品に至るまでの工程を、その言葉の範囲として捉えています。

このロジスティックス系の業務は、ビジネス活動の実務に相当する基本的な業務で、パッケージ製品としては、各企業の様々な業務プロセスに対応できることが非常に重要です。「SAP ERP」は、発売開始された1973年以降、50年近くにわたって多くの企業の様々な業務プロセスを吸収して発展していますので、あらゆる業務に対応できる充実した機能を有しています。

例えば、生産管理業務の形態では、受注設計生産、受注生産、プロセス生産、組立生産、見込／大量生産など多くの類型に対応しており、実質的にはどんな生産モデルにも対応することが可能です（図2－3）。

また、販売管理機能には、複雑な価格やマージンを設定できる機能があります。商品の標準的な販売価格や販売チャネルごとの価格、取引先ランク別の価格はもちろん、販売キャンペーン用の〝時限的〟な価格や特定商品だけの特別価格、特定の取引先だけの価格

図2-3 「SAP ERP」が対応する主な生産方式

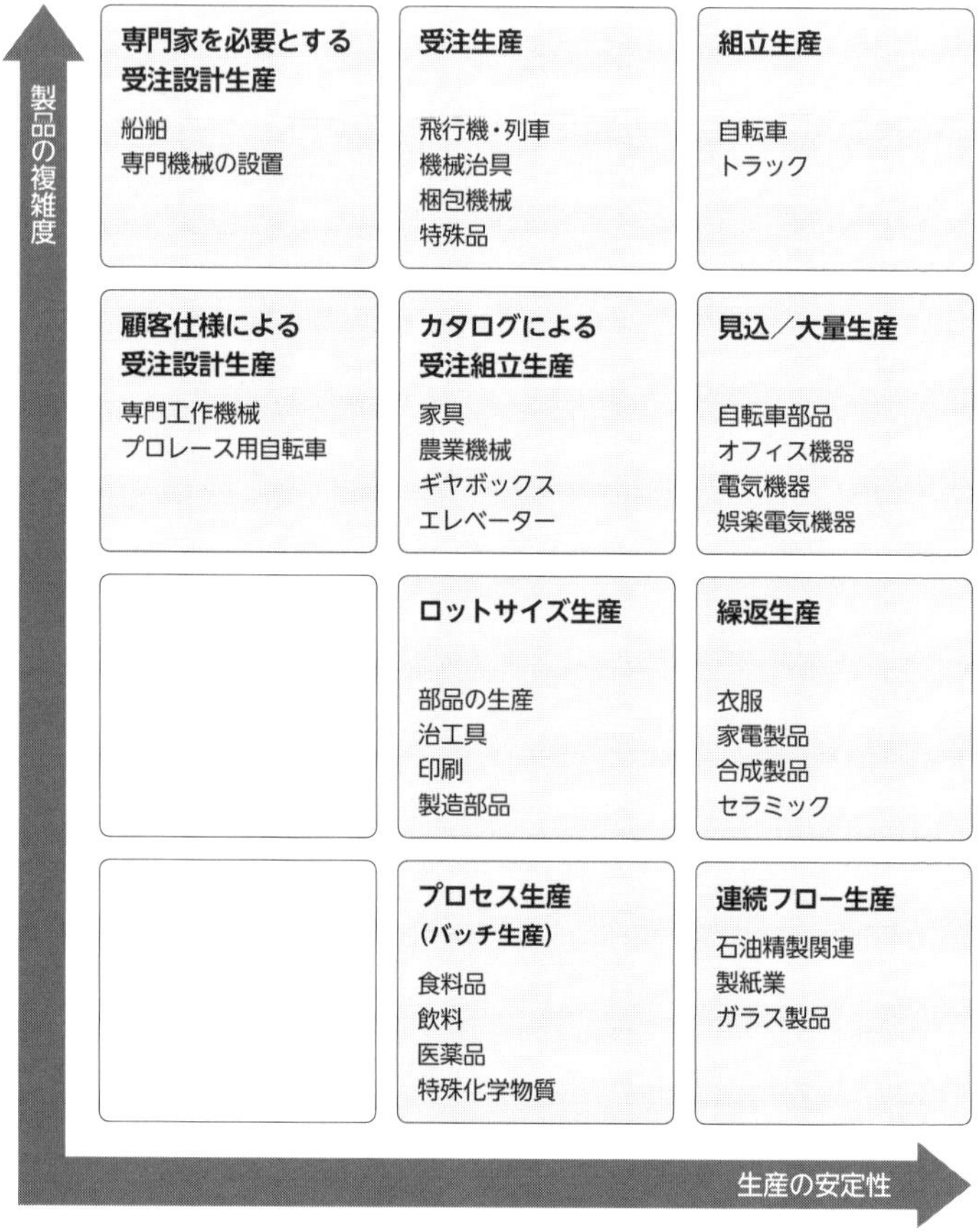

（出典：SAPジャパン）

体系など、様々な価格や各種のマージンを、時限的に、体系的に、例外対応も含めて、設定することができます。

このようにロジスティックス系の各機能は、あらゆる業界の全工程の業務プロセスを組み立てることができる非常に柔軟性に富んだものです。従って、必要とする業務プロセスが合理的なものである限り、「SAP ERP」の標準機能で組み立てることは、十分に可能です。それが実現できない場合には、求めている業務プロセスが不合理なものか、あるいは改善の余地を含んでいると考えるべきでしょう。

このロジスティックス系の豊富で柔軟な機能は、他のERPパッケージの追随を許さない大きな特長となっており、「SAP ERP」の顧客企業の広がりを支えています。

「SAP ERP」の機能群②:「カネ」の流れに関する業務処理機能

企業活動においては、具体的な「モノ」の流れとは別に「カネ」の流れが発生します。この部分を担当する機能が、財務会計であり、管理会計です。

財務会計は、財務諸表の作成など、いわば「外部報告目的」のための会計処理を担当する機能で、具体的には、税法や商法などに準拠しながら、総勘定元帳の作成や債権／債務の管理、あるいは固定資産の管理などをするための機能を提供します。法制度に準拠した処理が基本となりますので、財務会計だけで、特に際立った機能を提供するものではありませんが、ロジスティックス系や管理会計の機能との連携に特長があります。

これに対して管理会計は、事業の収益性管理や予算管理、生産性の管理といった「内部管理目的」の経営管理情報を提供する機能で、間接費の管理や原価計算、収益性管理、といった機能に細分化できます。管理会計は、豊富な経営管理情報を提供することで、「数値に基づく経営管理」の実現に大きな役割を果たします。

次に、この管理会計の詳細について、見ていきます。

様々な経営管理情報を提供する「管理会計」機能

「SAP ERP」の管理会計機能では、大きく分けて「間接費管理」「原価管理」「利益管理」という三つの管理機能を提供しています。このほかに、プロジェクトごとの予算／損益／日程を管理する「プロジェクト管理」機能も備えていますが、これは規模が大きく複雑なテーマの事業管理に有効な機能です。

ここで「SAP ERP」の管理会計の各機能について、簡単にまとめておきます。

【間接費管理機能】

〈原価センター会計〉部門ごとの経費予算／実績の管理を行うための機能です。部門は、総務部／経理部／人事部のような部門単位や、教育研修／採用プロジェクトなどのように継続的に別枠で管理したい業務分野について設定することができます。また、全社／本部・事業部／部／課などのように階層で設定することも可能です。予算については、「当初予算」「修正予算」「円高対策予算」など、様々なバージョンで設定できます。

〈内部指図管理〉特定の活動テーマに関して、費用の集積をしていくための機能です。例えば「創立10周年記念行事」「新事業プロジェクト先行調査」「金型開発新技法研究」などのテーマごとに費用を集計することが可能で、部門を超えた時限的なテーマについての費用集計や管理に活用できます。

【原価管理機能】

標準原価計算方式による製品／サービスの製造原価計算機能を提供します。

製品ごと／工程ごとの原価集計が可能で、「原材料の調達単価」や「使用量」、「投入作業時間」や「作業時間単価（賃率）」「間接費、共通費の配賦費用」などの原価要素について、あらかじめ計画値を設定し、それに基づいて標準原価を算定します。

原価要素ごとに計画値と実績値を比較し、その差異を確認することで、原価差額の発生原因を把握することができるようになります。また問題となる原因に対しては、対策を打つことで、原価を計画的に減らしていくことが可能です。

ただし原価管理機能は、「ＳＡＰ ＥＲＰ」の購買管理や生産管理のオペレーション情報を利用するので、管理会計機能だけで活用することはできません。

【利益管理機能】

〈**利益センター会計**〉「内部組織」の利益管理を行うための機能です。収益の集計、費用の収計／配賦などの機能を持ち、事業部門や営業部門の損益、コスト部門の費用予算の目標設定を可能とし、収益部門、コスト部門の収益性向上活動を支援します。

〈**収益性分析**〉「外部視点」の収益管理を行うための機能です。市場のセグメント別（地域別、顧客別、製品別、事業別、法人別）の利益や、セグメントごとの貢献利益を管理することができます。また、多次元分析の機能により、複数のセグメントを組み合わせた切り口で、情報を見ることができます。収益性分析は、「SAP ERP」の販売管理情報を利用しますので、これもやはり管理会計機能だけで活用することはできません。

ここで少し具体的な例を挙げて、収益性分析の機能について見ていくことにします。事業活動の最も重要な成果として「売上高」が挙げられますが、この機能を利用することで、「売上高」をリアルタイムに、多面的に把握することが可能で、その際の情報の「切り口」の例としては、以下が挙げられます。

【地域別】関東、東京、千代田区、海外全体、米国、アジア、台湾……
【顧客別】顧客個々、顧客グループ（量販店／専門店、新規客／リピーター）**……**
【製品別】個別製品、製品グループ、製品カテゴリー……
【事業別】A事業、部品事業、サービス事業、受託事業、輸出事業……
【法人別】グループ企業各社

これらの切り口を様々に組み合わせて、例えば、〝首都圏の区別、製品別の「売上高」〟といった切り口で、参照することもできます（図2－4）。また、グループ企業ごと、あるいは企業グループ全体などの法人別の要素も、参照の切り口として活用することができる

図2-4　「SAP ERP」の収益性分析機能

様々なレポートをリアルタイムで見ることができるので、
経営状況の変化がすぐに把握でき、迅速な対応が可能となる。

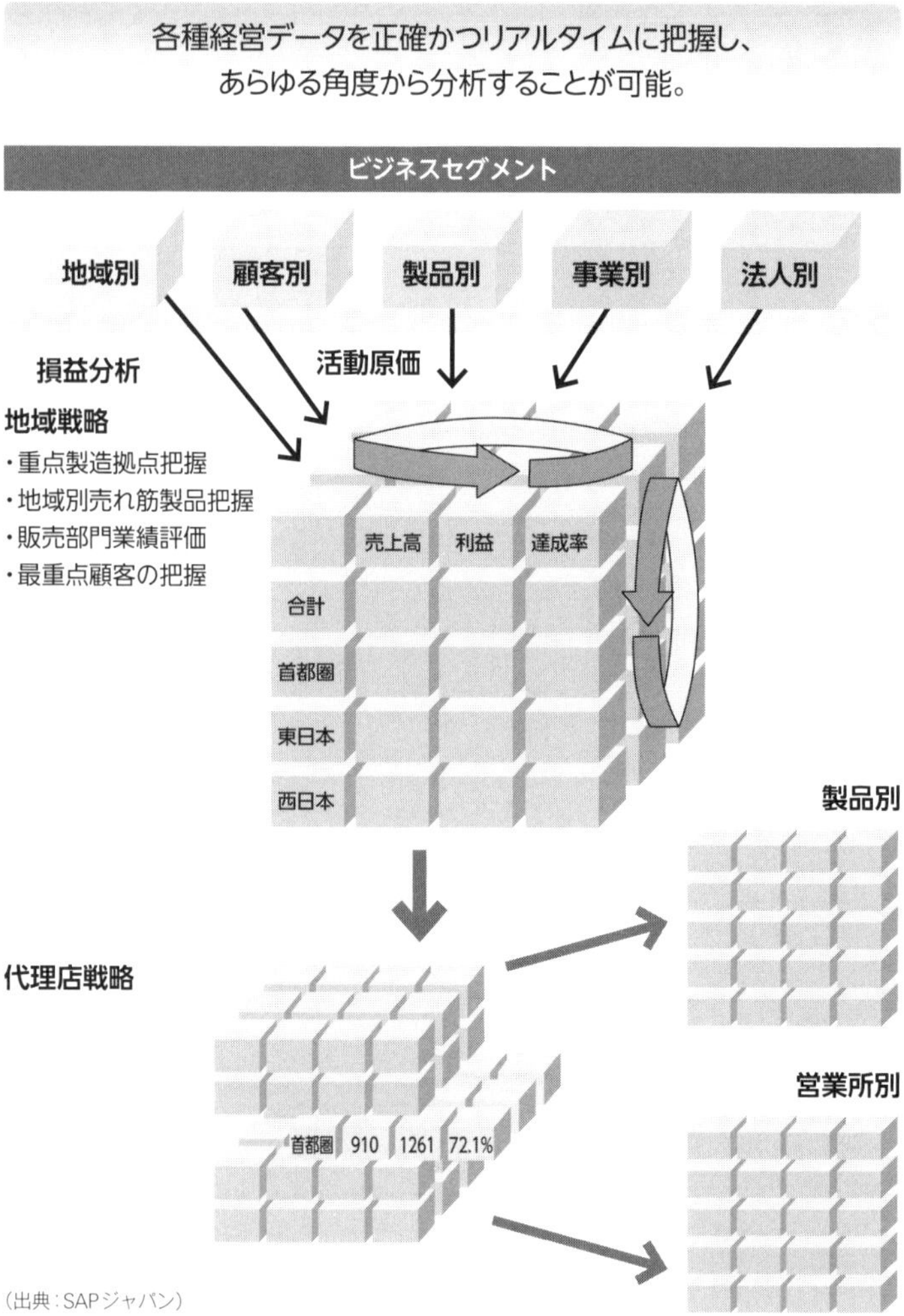

（出典：SAPジャパン）

ようになります。対象項目として「売上高」だけでなく、「販売数量」や「利益」などの実数、それらの「変化率」や「構成比」などを採用することも可能で、多様な取引の実態を明快に、リアルタイムに把握することができます。

こうした事業活動の実績データに基づいて、営業方針や商品戦略、価格政策、在庫計画、資材調達、生産計画などの立案や進捗状況の確認を、容易に行うことが可能です。

【プロジェクト管理機能】

各種プロジェクトにおいて、予算設定や収益管理などを行うための機能です。会計期間をまたぐ管理も行うことができます。複雑な日程管理も可能で、プロジェクトごとに一つの会社の経営管理を行うのと同等の多面的な管理機能を提供してくれますので、建設工事や造船などの大規模プロジェクトにおける損益管理や、ソフトウエア開発、大規模な新製品開発の管理などに活用されています。

統合データベースが「モノ」の流れと「カネ」の流れを統合／連携する

企業の売上や収益を正確に把握するためには、「モノ」の流れと「カネ」の流れの整合性を確保する必要がありますが、「SAP ERP」では統合データベースの存在によって、それがリアルタイムに実現されます。

簡単な例をご紹介しましょう。

受注取引が発生したとき、「SAP ERP」では受注時に採番される受注番号をキーコードにして、受注→在庫引き当て（もしくは生産手配→生産→入庫）→出荷→請求という一連の業務プロセスが、一貫して順序よく処理されます。受注、在庫引き当ては販売部門、生産は生産部門、出荷は物流部門、請求は経理部門というように、担当する部門は異なりますが、各業務はこうした部門の壁を超えて一貫した業務として処理されます。

この一連の処理では、製品の受注から出荷という「モノ」の流れを中心に置いた「業務プロセスの統合」が実現します。

一方、「モノ」の流れの処理が発生すると、その数量の増減を記録するデータだけでなく、価格や原価といった「カネ」のデータも生成され、財務会計や管理会計での処理に必要なデータは、改めて入力することなく自動的に各々のシステムに反映されます。

これは「カネ」の流れを中心に置いた「情報の統合」が実現したということです。もちろん、「モノ」の流れの処理とは関連しない経費処理や固定資産の計上などは別途入力する必要がありますが、これは「モノ」と「カネ」の整合性が取れていないということとは、本質的に異なる事象です。

この「業務プロセスの統合」と「情報の統合」を実現するものが、すべての業務処理で共用される統合データベースです。「SAP ERP」ではこの統合データベースを核にして、「カネ」と「モノ」の流れが整合性を持つことによって、リアルタイムでの業務処理が実現されます(図2－5)。

図2-5　SAP S/4HANAでは、各種業務データが同一システム内で密接に連携する

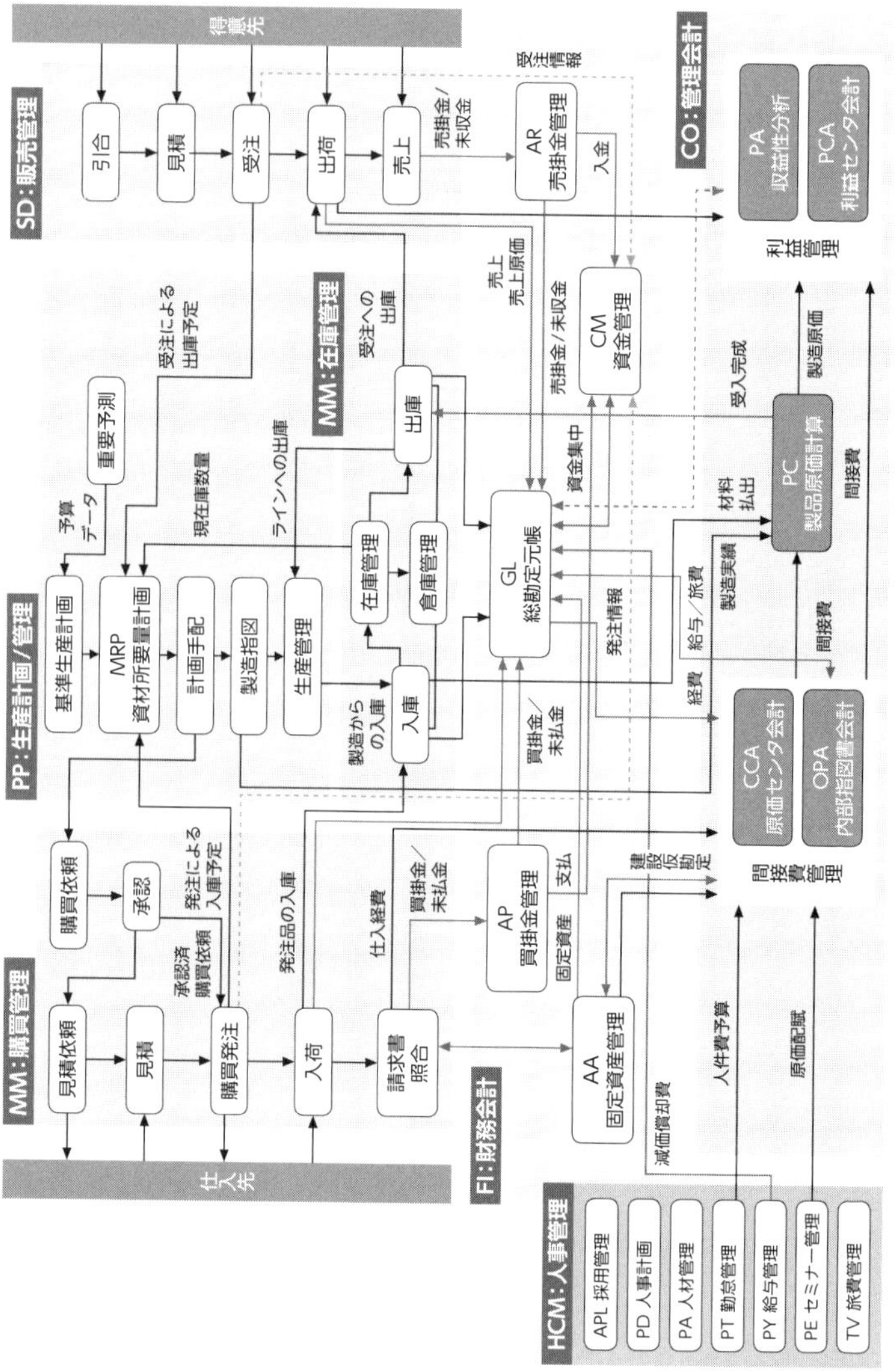

基幹業務システムに求められる、さらなる三つの機能

予算計画や販売予測などを作成するための「計画機能」

「SAP ERP」などの統合基幹業務システムには、ここまで述べてきた業務の処理機能、すなわち「オペレーション機能」のほかに、重要な機能として「計画機能」と「モニター機能」があります。「SAP ERP」において、このように機能が区分されているわけではありませんが、「SAP ERP」の活用方法を理解していただく便宜上、この機能区分に沿って、「計画機能」と「モニター機能」について説明を進めたいと思います。

「計画機能」は、経営計画（予算）の作成／販売予測／在庫計画／生産計画などを作成する機能で、いわば〝未来〟の経営活動の計画立案の支援を行うものです。事業ごとの売上高や原価、間接費、設備投資などの予算計画を策定して、年度ごとの事業計画や経営計画の執行を支援します。具体的には、事業期間中の計画と現実との乖離状況や、問題の発生をモニタリングしながら、発生する問題に対して迅速に手を打つことで、経営計画や事業計画の達成を確かなものにしていきます。

また、事業年度期間中に経営環境の大きな変化が生じた場合には、対策をシミュレーションしながら新たな経営計画や事業計画を策定することが可能ですので、発生する不測の事態に対して迅速な対策が可能になり、これによって経営に対するダメージを最小限に抑えることができます。

販売予測や在庫計画／生産計画は、実務的な事業運営上の計画管理機能であり、業務の効率化や投資効率の改善活動を支援するものです。

経営状態や事業の推進状況を可視化する「モニター機能」

「モニター機能」は、それぞれの業務が滞りなく稼働しているかどうかを確認したり、会社の経営状態や、事業の推進状況を「目に見える形」で表示するための機能です。この機能を活用することにより日常業務を効率よく、スピーディーで安定的に推進するとともに、会社の経営状態を多面的にモニターして管理することができます。

日常業務の管理については、原材料の発注、入庫状況をリアルタイムに管理でき、また、原材料の在庫、出庫の計画や出庫の実績、生産計画、生産実績、さらには商品ごとの受注数や出荷の計画など事業推進に関するあらゆる情報を参照することも可能で、これにより事業の効率的なオペレーションを支えます。こうした「日常的な業務処理に関する情報」は、主として、販売管理や購買管理、在庫管理、生産管理などのロジスティクス系の機能から参照することができます。

一方で、経営管理面においても、多くの情報を参照することができます。年度の経営計画（予算）の数値やその進捗状況、商品ごと、事業ごとの収益性の推移、製品ごとの原価やその原価要素の実績、投資計画の進捗などについて詳細に参照することが可能です。こうした「経営管理に関する情報」は、「管理会計」より様々な切り口で提供されます。

「SAP ERP」では、標準機能を利用することで、日常業務に関する情報から経営管理に関する情報まで、非常に豊富な管理情報を参照することができます。特別な追加開発をする必要もありません。

例えば、経営管理の一般的な手法としてKPI（Key Performance Indicator：重要業績評価指標）が活用されますが、これにより多くの種類の重要な経営指標を簡便に活用することができます。「SAP S／4HANA」では、約1400ものKPIが標準で設定されています（図2－6）。

使う側に求められる「SAP ERP」の〝運転免許証〟

「SAP ERP」のモニター機能は、企業内のそれぞれの役割に応じた情報を提供してくれます。これを活用することで、スピーディーな経営管理や効率的な事業推進を実現することが可能となるのです。

また、究極的には、企業経営や事業活動における課題を見出し、将来〝そうありたいと思う姿〟に向けて、経営改革や業務改善の展開につなげていくこともできるでしょう。さらに、データに基づいた明快な業務推進が定着することで、経営トップから管理者層、従業員に至るまで、合理的な判断に基づいて業務を展開する習慣が浸透し、前向きで挑戦的な企業文化が醸成されていくことが期待でき

図2-6　SAP S/4HANAに設定されているKPIの一例

営業部長	・販売数量 ・販売契約達成率 ・納入実績　など
生産管理者	・作業不良 ・計画手配管理 ・作業区能力の管理　など
販売担当者	・不完全販売伝票一覧 ・クレジットメモ依頼の管理 ・予測出荷遅延　など
財務担当者	・財務／資金管理ポジション分析 ・会計トランザクション処理 ・見越／繰延実行　など

ます。

しかしその一方で、「SAP ERP」を使いこなし、経営管理や事業推進に活用するためには、使う側にもそれにふさわしいスキルが求められます。言い換えるなら、「SAP ERP」の本稼働に先立ち、「SAP ERP」の〝運転免許証〟を取得しておく必要があるということです。

計画機能やモニター機能とは少し意味合いが異なりますが、この〝運転免許証〟こそが、基幹業務システムを使っていく上で求められる三つ目の機能ということになります。

その際に求められるスキルとしては、次の二つが重要なものとして挙げられます。

1．計器類を読み取るスキル（いつ、どの情報を参照すればいいかがわかるスキル）

2．運転のスキル（情報に基づき、リアルタイムに事業をマネジメントするスキル）

経営層の〝運転免許証〟の取得には、様々な経営指標を見る目が求められます。財務諸表といった基本的なものだけでなく、当該期の経営計画の予算・実績情報、その基礎となる販売情報や事業収益、製品原価などの情報、さらには中長期の事業成長性、収益性に関する情報など、多岐にわたります。定期的に毎日参照するもの、月次、週次に参照するもの、特定の目的の際に参照するものと切り分けておくことや、どの情報を参照し、評価するかを公開しておくことも重要です。

日常業務の管理者や推進者も同様に、〝運転免許証〟は必要です。自らの業務を遂行する上で、「どの情報を、どのタイミングで、どのように読み取るのか」、また「得られた情報を、自分の担当業務にどのように結びつけていくのか」ということを、十分に学習しておく必要があります。

「SAP ERP」は、情報システムの「価値、生む活用」を可能にし、経営改革を支援する優れた経営管理ツールです。

しかし、それを導入するだけでは、何の価値も生みません。使う側に、それを使いこなす知識やスキルが求められます。その上で、上手に使いこなすことによって初めて、「SAP ERP」はその価値を発揮します。

システム設計が簡単。プログラミング不要の「SAP ERP」

「オブジェクト」の「パラメータ」設定だけでシステム構築を完結できる

ここからは、情報システムの「価値、生む活用」に直結する「SAP ERP」の大きな二つの特長についてご紹介します。この二つを活かすことが、「価値、生む活用」のために非常に重要な要件です。

まず一つ目ですが、従来のシステムと異なる「SAP ERP」の最大の特長は、「オブジェクトのパラメータ設定だけで、システムの基本的な構築が完結する」ということです。オブジェクトとは「機能項目」のことで、パラメータとは、「各機能の処理内容を決定するための変数」と考えればいいでしょう。「SAP ERP」は、異なる機能を持つオブジェクトを数万種類も持っており、この中から自社のシステムに必要なものを選択し、そのパラメータを設定することで、基本的なシステム構築が完了します。

具体的な例を挙げて、ご説明しましょう。例えば、販売管理の「受注処理」では、多くの種類のデータ項目が必要です。主なものだけでも、「受注番号」「受注日」「受注先」「品目番号」「品目名称」「数量」「単価」「価格」「納期」「出荷先」「請求先」などがあります。また「日付」一つをとってみても、「データ登録日」「受注日」「引当日」「納期」「出荷日」「請求日」「入金日」「会計期間」などが挙げられます。このそれぞれがオブジェクトで、簡単にいうならば、オブジェクトとは「特定のデータを受け入れる容器」のようなものです。さらにオブジェクトは、単にデータを受け入れるだけでなく、それぞれが特定の役割を有しています。

例えば「請求日」というオブジェクトには「25日」や「30日」という請求日のパラメータ項目があり、これらの中から自社の要件に適したものを選びます。これがパラメータの設定で、「価格」というオブジェクトなら「定価」や「値引き」という選択肢があり、さらに「値引き」には「10％」「20％」という選択肢があります。なかには「Ｙｅｓ」や「Ｎｏ」だけで設定できるオブジェクトもあります。

この「パラメータの設定だけで、基幹業務システムが構築できる」というのは、つまり、こうしたオブジェクト群の中から必要なものを選択し、それらのパラメータを設定することによって、システムの処理機能を決定していくことができるということです。

これに対して、プログラム開発をしてシステムを構築するといった方法の場合では、数十人、数百人規模のプログラマーを動員した上、膨大なプログラムを手分けして記述し、それらを最終的に結合して、きちんと動くかどうかをテストする、といった大掛かりな作業が必要になります。こうしたシステムではその仕様を変更する際には、それによって影響の出るプログラムの記述をすべて洗い出し、それらの関連性を明確に把握した上で、作業にとりかからなければなりません。これには長い時間と大きな労力、お金が必要になることは、容易に想像できるでしょう。一方、「ＳＡＰ ＥＲＰ」でパラメータの設定だけで必要な処理機能が手に入るということは、業務要件の変更や追加、あるいは削除などが発生した場合でも、同様にパラメータの設定を変更するだけで、対応できるということになります。この「パラメータの設定だけで、基幹業務システムが構築できる」という「ＳＡＰ ＥＲＰ」の特長が、「ユーザダイレクト方式」という導入方法を可能にした最も重要なポイントです。「ＳＡＰ ＥＲＰ」では、最適な業務プロセスが簡単に構築できるように、業務分野ごとに関連機能が分類してメニュー化されており、それぞれ一連の業務プロセスを効率的に設定できるよう工夫されています。

「SAP ERP」のグローバルスタンダードたる所以

「ＳＡＰ ＥＲＰ」の二つ目の大きな特長としては、何といっても、豊富な機能を標準装備しているということです。

先に「ＳＡＰ ＥＲＰ」には、オブジェクトが数万種類もあるということをご紹介しましたが、これによって、多種多様な業務プロセスに対応することができます。実際に「ＳＡＰ ＥＲＰ」は、個別受注生産の重工業、パソコン製造業、見込大量生産の飲料メーカー、自販機飲料販売業、ベビー用品製造業、石油精製業、医薬品メーカー、歯科材料製造業、ソフト開発業、放送局、自治体、量販小売業、大手商社、航空会社、運輸企業、医療法人、学校法人、銀行、製鉄所など、業種や業界の区別なく、従業員規模が1万人を超える超大手企業から10名程度の零細企業まで、40万社という企業／団体に導入され、活用されています。この背景には、50年近くにわたって多くの顧客企業のベストプラクティスを吸収してきた「ＳＡＰ ＥＲＰ」の実績があります。

また、「ＳＡＰ ＥＲＰ」は、欧州の土壌で成長してきたＥＲＰパッケージですので、多通貨や多言語といった〝国境をまたいだ〟取引が最初から想定されています。そもそもの成り立ち自体が、グローバル対応を前提としたＥＲＰパッケージです。

さらに開発元であるＳＡＰ社は、毎年多額の開発費を投入し、「ＳＡＰ ＥＲＰ」および周辺ソリューションの充実に努めています。こうした多額の開発投資が、「ＳＡＰ ＥＲＰ」を利用するユーザ企業に大きなメリットとなって還元されています。

新世代の基幹業務システム「SAP S／4HANA」

一新されてリアルタイム性と操作性が向上した「SAP S／4HANA」

「SAP S／4HANA」は2015年に提供が始まり、年々その機能が強化され、2019年のモデルにおいて一定の機能が整い、その斬新な姿を現しました。これには、インメモリーデータベースが採用されデータ分析処理スピードが格段に向上しました。さらにアプリケーションのトップ画面に「SAP Fiori®（フィオーリ）」が採用され、アプリケーションを立ち上げた際、そのトップ画面にあらかじめ設定した管理データがビジュアルで表示されるようになりました。データ処理スピードは従来の1万倍ともいわれ、圧倒的な速さでデータが集約・分析・表示され、本格的なリアルタイムシステムの登場といえます。

これに加えて機械学習やRPAなど最先端のテクノロジーも搭載され数々の機能が強化されました。さらに「SAP S／4HANA」周辺のソリューション群が増え、従来にない機能、適応能力が拡張しました。特に人事給与計算モジュールについては、現在の「SAP S／4HANA」には、旧来の仕様のものが設定されていますが、今後このモジュールは廃止され、別途のソリューションとして「SAP SuccessFactors®」が用意されています。詳細は第八章をご参照ください。

データの超高速処理を実現した「SAP S／4HANA」

「SAP S／4HANA」の特長を考えてみます。一つ目は、データの超高速処理の実現、リアルタイム性の向上が挙げられます。従来の「SAP ERP」もデータ連携をリアルタイムで行ってはいたのですが、データ処理に時間がかかってリアルタイム性を逸していたり、複雑な分析などは他の外部システムを使う必要がありました。このためデータのやり取りに時間がかかり、リアルタイムで自在に結果を活用するには難がありました。

このような問題を解決することを目的に「SAP HANA®」と称するインメモリーデータベース管理システムが開発され、データベースのレスポンスタイムをゼロに近づけ、「SAP S／4HANA」の超高速処理を実現させました。「SAP S／4HANA」は、この「SAP HANA」を固有のデータベースとすることで、その利点を最大限活かしたリアルタイムシステムとしてデビューしました。データ処理能力の飛躍的な向上によって、実務面においても効率向上に多くの効果が期待されます。

ＭＲＰ（資材所要量計画）のような、システムへの負荷が大きく、処理に何時間、あるいは何日もの時間を要する処理は、これまで夜間に実行されていました。そうした処理業務も日中だけの処理で済ますことができるようになり、それだけでなく、システムへの負荷がより大きなケースでは、ＭＲＰの処理は、週に一度、あるいは月に一度しかできませんでしたが、「ＳＡＰ Ｓ／４ＨＡＮＡ」では毎日行うことができるようになり、資材手配の効率、在庫の低減、生産計画の効率を飛躍的に向上させることができるようになりました。会計の期末処理などの大量なデータを扱う処理も短時間で完了させ、リアルタイムで経営状況や分析結果を確認できることで、意思決定がスピーディーに、正確に行うことができるようになりました。また、今まさに起こっている現場の動きや消費傾向などをもリアルに把握することができ、スピード経営も現実のものとなりました。

システムの利便性を向上させた「ＳＡＰ Ｆｉｏｒｉ」

「ＳＡＰ Ｓ／４ＨＡＮＡ」は、データ分析の処理速度を画期的にアップさせ、性能を一変させました。それと同時にユーザの利便性も画期的に向上しました。「SAP S／4HANA」のトップ画面「SAP Fiori」には、シンプルで見やすい多数の白いタイルがいくつも表示されます。タイルごとにあらかじめ設定された最新の情報がわかりやすい形で表示されます。タイル上にはKPIなども表示させることができるため、画面を操作する必要もなく、システムを立ち上げるだけで重要な経営情報をリアルタイムで参照することができ、売上の推移や在庫、従業員の出勤率、出荷台数、受注金額など経営上の重要な情報が常時モニターできます。さらにこれらの情報をグラフなどのビジュアルな形で表示させることもでき、これまでになく利便性の向上が図られています。

また、実務に対しても便利な機能がいろいろと登場しました。未処理伝票や承認待ちの伝票、経費申請などをタイル上に表示させることができ、処理が停滞している伝票の存在を確認することができます。未処理の業務が一目でわかるようになり、処理待ちの時間を減らすことができるだけでなく、表示されている業務を処理する際には、そのタイル画面をクリックすることで、目的の処理画面を開き、処理することが可能となったのです。

「SAP Fiori」はWEB画面上で動く操作画面で、多様なデバイス・ブラウザで動きます。また、パソコンだけでなく、タブレット端末やスマートフォンなどでも利用でき、Google ChromeやMicrosoft IEなどにも対応しておりデバイスを選ばないものになっています。
　処理としては、スマートフォンをイメージすればわかりやすいかと思います。画面にタイルと呼ばれるアプリのような四角いボタンがあり、タイルをクリックまたはタップすることで処理画面などのページに飛ぶことができます。タイルはユーザごとに表示したい指標を設定できるため、業務担当者には業務に沿ったＫＰＩと処理タイルの表示、管理者には経営判断に必要なＫＰＩと分析系タイルを表示するという使い分けができます。今後「ＳＡＰ Ｓ／４ＨＡＮＡ」で開発される最新機能は、基本的に「ＳＡＰ Ｆｉｏｒｉ」で動作するものになってくるものと思われ、ユーザ自身でこれを使いこなすことにより、利便性を向上させることができます。

図2-7　「SAP Fiori」パソコン、タブレット端末、スマートフォンでの使用イメージ

（出典：SAPジャパン）

Column

「『SAP S/4HANA』の“S/4”とは？」

「SAP S/4HANA」は、「SAP ERP」の第4世代のERPです。第4世代となって、多くの改良が織り込まれ、これまでの「SAP ERP」と比較して、いろいろな面でシンプル化されました。例えば、今までは、数多くある機能ごとのデータがそれぞれ多数のテーブルに散在していましたが、それを機能ごとに集約して、データへのアクセス処理を簡易にし、処理の高速化、システムの負荷軽減を実現しています。

また、それに加えて、実際の業務処理を、実務に合わせて使いやすくしています。これまでは、機能ごとにまとめられていたメニューに基づいて業務処理を行なっていましたので、業務処理を行うには、多くのメニューを往復して処理しなければなりませんでした。

しかし、「SAP S/4HANA」では、メニューが業務ごとに集約されていますので、往復回数が大幅に減り、作業効率が向上しただけでなく、使いやすいものに進化しています。

このように、「SAP S/4HANA」は、システム技術的な面においても、あるいは業務処理面においても、データの活用面においても進化しています。「SAP S/4HANA」は、毎年新しいバージョンが提供されており、今後も改良が継続され、ますます使いやすいものになっていくものと推量されます。“S/4”は、シンプルと第4世代のイニシャルです。

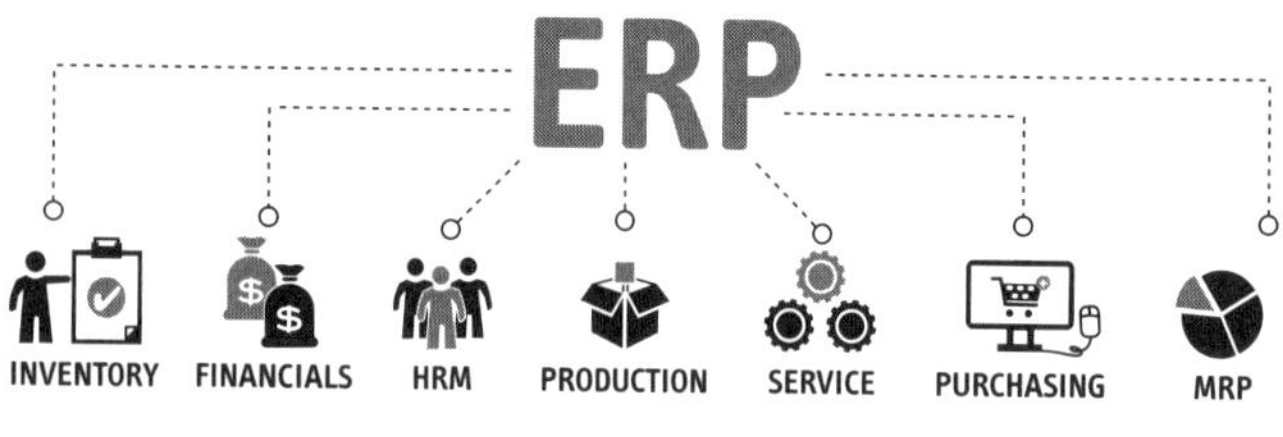

第三章

経営ビジョンとビジネスデザイン

「経営ビジョン」とは

夢物語だったアポロ計画は、なぜ成し遂げられたのか

1961年5月、アメリカの第35代大統領ケネディは、1969年末までに月に人を送り込む「アポロ計画」を発表しました。当時はまだ、人を乗せた人工衛星を打ち上げることがやっとで、ロケットを月に到達させることさえ夢物語のような時代でした。当時、アメリカは宇宙開発の分野でソビエト連邦に後れを取っており、アポロ計画発表ひと月前の1961年4月12日には、ソ連の宇宙飛行士ユーリ・ガガーリンが、ボストーク1号で人類史上初の有人宇宙飛行を成功させていたのです。アポロ計画は、〝人を月まで運んで月面に立たせ、無事に帰還させる〟というプロジェクトで、夢のような冒険的なテーマでした。その実現のためには非常に高い技術力が必要で、現在でもこれを確実に実現できるほどの実力を持つ国はないといっても過言ではありません。さらに必要な費用も膨大です。

ロケットや宇宙船の開発、制御技術の開発、さらには宇宙飛行士の育成や生理学の研究など、取り組まなければならない課題は山積みでしたが、プロジェクトはNASAを中

図3-1　わかりやすく壮大なビジョンと広範にわたる成果

アポロ計画「経営ビジョン」の最高のモデル

アポロ計画の目標は、
アメリカの威信を取り戻し、国民に夢と希望を与えること

ビジョン達成までの過程で得られた
広い分野の数多くの成果。

ロケット技術
アメリカの各種ロケット
➡スペースシャトル
➡日本のH2Aロケット

システム工学
大規模システムの制御
コンピュータ技術
テレメータ装置
数値制御工作機械

1969年7月
月面着陸

管理技術
プロジェクトマネジメント
信頼性管理技術
構造解析システム

要素技術
集積回路、医療機器
燃料電池
宇宙食
形状記憶金属

宇宙開発技術
宇宙服、宇宙食
宇宙ステーション
耐熱素材、生理学

心に多くの企業と研究所、そして選ばれた宇宙飛行士がそれぞれの課題に対して取り組み、目的に向かって一直線に挑戦し、成果を上げました。このテーマの素晴らしいところは、〝人を月まで運んで月面に立たせ、無事に帰還させる〟という目的が、シンプルで、具体的で、わかりやすいことでしょう。それによりプロジェクトに関わる人たちは各々自分の役割、自分の成し遂げるべきことを明確に理解したのです。

このプロジェクトのリーダーは、アメリカ宇宙開発の父と呼ばれたフォン・ブラウン博士で、彼の計画に沿って参加者全員が一糸乱れることなく、取り組んだことが、アポロ計画成功の一番の要因だと考えられます。

企業経営にも当てはまるアポロ計画の成功要因

このアポロ計画こそが、アメリカの威信を取り戻し、国民に夢と希望と意欲を与え、同時に、広範な産業を始めとした様々な分野において技術的、科学的な成果をもたらすことにつながりました。アポロ計画の成功が基となって、今日のアメリカの国際的な地位基盤が確立されたといっても言い過ぎではないでしょう。

このアポロ計画と同様、企業経営においても、目標（＝経営目標）やビジョン（＝経営ビジョン）を立案してプロジェクト参加者全員（＝社内）のベクトルをコントロールする、ということは一般的に行われています。ただし経営目標と経営ビジョン（目指す姿）は大きく異なるものだという点を整理して認識しておく必要があります。

まず経営目標は、〝得たい成果〟です。アポロ計画でいえば、アメリカの威信を取り戻す、あるいは国民に夢と希望と意欲を与える、ということであり、企業経営に置き換えれば、売上高を50％アップするとか、経常利益を○○億円にするという目標になります。この経営目標を実現するために、何を、どうすればいいのか？　と考え描かれる手段が「経営ビジョン」であり、目指す姿となります。

日頃、経営目標や課題、あるいは経営ビジョンとされているものに触れる機会が多くありますが、そこでは年間売上高５％アップ、収益率10％向上、コスト20％低減といった記述になっているものを数多く見てきました。しかしこれでは具体的に何をすればいいのか、従業員にはわかりません。ある目標を実現するためには、いろいろな方法が考えられるでしょう。その方法によっては、想定以上の成果を上げることができるかもしれませんし、あるいは全く成果を上げられずに終わってしまうかもしれません。その差はどこから生まれるのでしょうか？　端的に言うなら、経営トップから従業員へ伝達するメッセージのわかりやすさです。そしてその具体的な伝達手段こそ、経営ビジョン、すなわち、目指す姿であり、先のアポロ計画ということになります。

経営者は〝目標達成のための手段（＝経営ビジョン）〟を示す必要がある

経営トップが3年で売上を20％向上させたいと考えたなら、その20％の売上アップを実現できる具体的な手段を従業員に提示する必要があります。目標達成のための手段がわからなければ、組織はバラバラに動き回るだけで効率が悪く、従業員が頑張っている割に期待通りの成果が得られないという事態を招く恐れがあります。そこで必要となるのが、経営ビジョンです。

先にも述べた通り、経営ビジョンは、得たい成果である経営目標を実現するための大きな方向性を示すもので、経営改革を成功させるために築きあげるものの「姿」を示すことです。言い方を換えれば、経営ビジョンは目指す姿ですから、〝絵画に描けるもの〟でなければなりません。ただしそれはあくまで5年先、10年先の目指す姿なので、詳細である必要はありません。

しかし、良い経営ビジョンを描くことは、非常に難しいことです。それこそ経営者の手腕の見せ所となります。世の中にカリスマ経営者といわれる人たちが数多くいますが、そういった方々こそ、経営ビジョンという名画を描く名画家だといえるでしょう。経営ビジョンは、絵画として描けるだけでなく、実現可能なことはもちろん、今の自社の実力を一段階上げなければ達成できない、難しいテーマであるものが望ましいものです。組織や従業員が自己成長できるワクワク感や、企業としての実力がワンランク向上するという成果が得られるものだともいえます。つまりこれらが簡単に実現できてしまうようなビジョンでは、実質的にそれほど大きな成果も期待できません。

こうして改めて考えてみると、冒頭でご紹介したアポロ計画は、アメリカにとってまさに最高のテーマであったということです。

良い経営ビジョンを描くためには

経営者にとって、良い経営ビジョンを描くことは難しいことかもしれません。しかし、難しいからこそ価値があるのです。それは、内外の業界や技術、経済などの情報を幅広く収集、蓄積した上で日夜努力を重ね、無の境地に至って思考したときに初めて閃くものかもしれません。実際に、そうした経験をお持ちの経営者の方もいらっしゃるのではないでしょうか。センスと閃きの勝負です。ここ10年、国内の経済界を眺めたとき、中長期思考で経営改革に取り組んできた革新的な企業と、それを感じられない企業との差異は、まさに経営ビジョンにあると思われます。伸びた企業の経営者は、10年前にどんな経営ビジョンを描いていたでしょうか、想像してみるのもいいかもしれませんね。

経営者の方々は、そうした日々の研鑽を礎として、例えば海外に進出して生産・販売体制を整えるとか、現事業の上流領域の専用部品製造業に進出する、あるいはアフターサービス事業に本格的に進出するといった具体的な施策を思案して、実行へと移していかなければなりません。それがまさに経営ビジョンであり、企業が目指す姿になります。

それでは実際に良い経営ビジョンを考え出すためには、どうすればいいのでしょうか。少しアナログな方法ですが、まずはこれくらいの成果を挙げたいという経営目標をイメージした上で、考えてみることです。その際に留意することは〝できるかどうか〟は無視すること。制約条件を一切考慮せずに、夢のような未来を妄想することです。ただし5年で売上高を5倍にしたい、世界進出を果たして時価総額10倍を目指したいといった妄想は一つだけに絞ります。

そうして満足できる妄想（＝経営目標）を心に決めたら、次のステップは、経営ビジョンを考え出すことです。その妄想をどうやって実現しようかと、日夜、考えなければなりません。それも2ヵ月、3ヵ月どころではなく、半年、1年、2年……と考え続けることです。また、腹心の部下にも考えさせるべきでしょう。

その過程では、どうしても制約条件を考えてしまうかもしれません。ただ、それらを打ち消して、さらに構想を続けます。そして浮かんだイメージを反芻して、その手段がどれほどのゲインを生むかをおおよそでいいので試算してみます。こうしたことを飽くことなく繰り返し、より質の高い方法にチューンナップしていきます。そうして生み出されるのが、経営ビジョンです。難しく崇高なビジョンほど、従業員の挑戦意欲は高まります。実際には考えなければならない制約条件も、5年先、10年先に実現することだと捉えれば、それほど心配しなくても、クリアできる可能性があるのではないでしょうか。

余談になりますが、最近出版されているビジネス書やWEBサイトでは、DXは既存事業の効率化ではダメだとか、企業に革新性がなければ難しいと記されているものを目にします。ただ、DXにふさわしいバックグランドを備えていた企業ならいざ知らず、多くの企業は、それなりのリソースしか持ち合わせていません。背伸びし過ぎたところで、いい結果は得られないでしょう。自社の身の丈に合った革新性や成長性のあるビジョンを構想すれば十分ではないでしょうか。

また新聞、WEBサイトでは、清水建設やソニー、オムロン、安川電機など、DXのお手本のような実例が散見されます。その一方で、日本政府の新型コロナウイルス感染症対策におけるIT活用は、一般企業にも劣るレベルで、ごくごく当たり前のデータ活用も満足にできていません。これを、普通レベルに上げるだけでも立派なDXだといえます。

つまり既存事業の効率化や顧客サービスの向上だけでも、十分にDXと呼べるのです。DXは、世の中の「べき論者」に惑わされることなく、自社のペースで着実に、一歩一歩進めていくことが肝要だと思われます。

経営ビジョンによる組織の活性化

経営ビジョンの有無が、従業員の意欲を大きく左右する

経営ビジョンを策定し、それを経営改革の目標として設定することは、組織の活性化に大きく寄与します。

人は組織の中で、自分がこれからやっていくべきことをはっきり理解できていれば、自らの仕事、作業を自身で組み立てて、良い成果を出そうと頑張ることができます。

一方、何をやっていけばいいのかをはっきりさせないまま仕事をしていれば、上司から良い評価を受けることはありませんし、自己成長の見込みも立ちません。自分の中のモヤモヤが続き、頑張りたくても意欲が湧いてこないといった状態に陥ってしまいます。これは、どなたにでも当てはまることだと思います。

経営ビジョンは、経営者がイメージする願望をメッセージとして発信する経営目標とは

図3-2　経営ビジョンは、経営目標を達成する手段

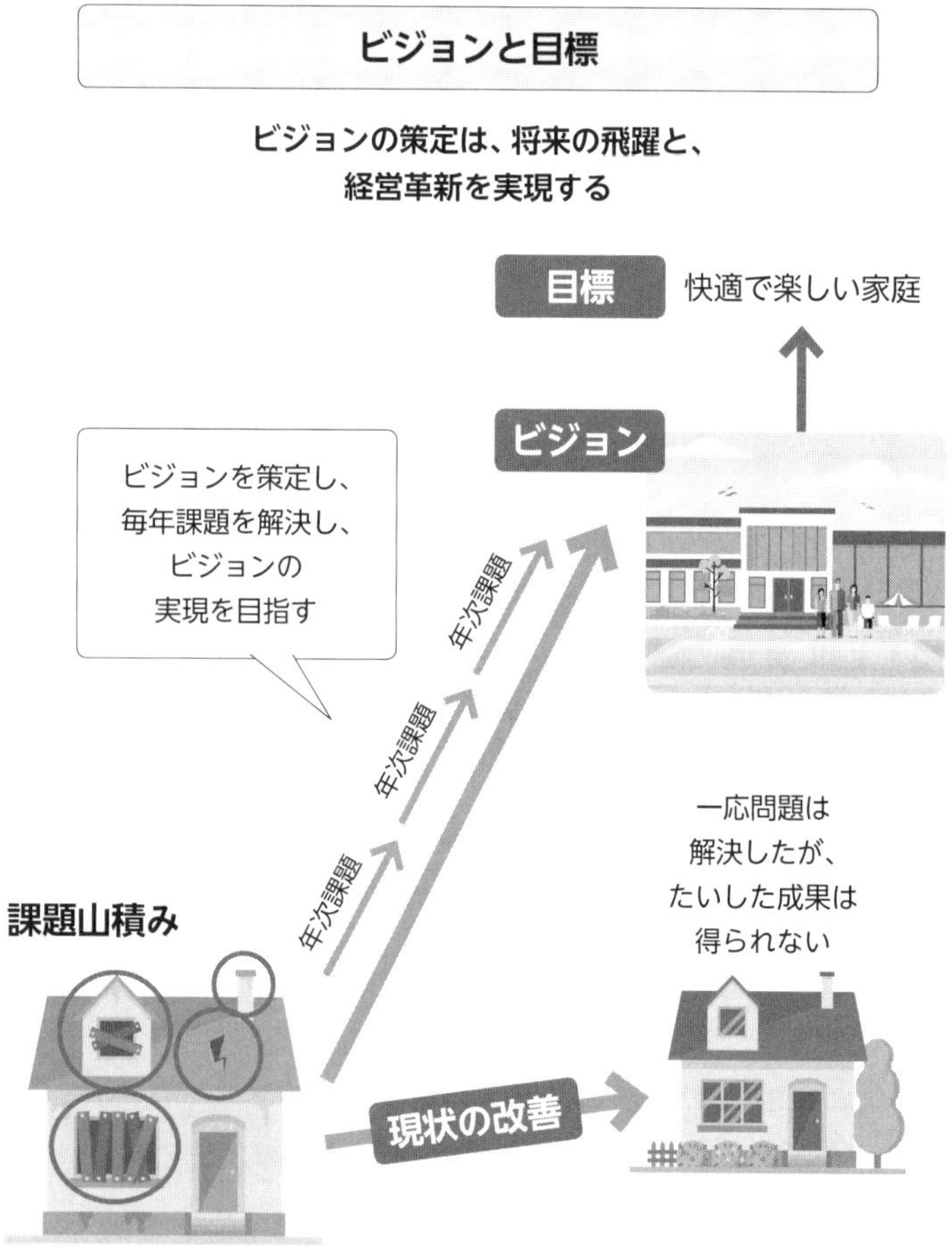
ビジョンと目標
ビジョンの策定は、将来の飛躍と、
経営革新を実現する
目標
快適で楽しい家庭
ビジョン
ビジョンを策定し、
毎年課題を解決し、
ビジョンの
実現を目指す
年次課題
年次課題
年次課題
課題山積み
一応問題は
解決したが、
たいした成果は
得られない
現状の改善

異なり、企業として、これから挑戦していく方向や課題を明確に示すものです。

自社の目指す先や課題が明確になれば、それぞれの役割を持った組織ごとに、自らが推進して、解決していかなければならないテーマや課題も明確に受け止めることができます。そして様々な課題が解決され、個々に成果が上がることにより、会社全体として獲得できる成果の大きさもイメージすることができるようになります。

明確なビジョンも与えられず、その意図も理解できないまま、指示される課題に対応している場合と比較すれば、その仕事を担う従業員の意欲も、格段に違ってくることは間違いありません。

経営ビジョンは全従業員の判断基準となり、職場を活性化するもの

経営ビジョンの策定と公表には、前述のほかにも多くの効果があります。将来目指す姿を決めて社内に提示することは、例えばマネジメント層には〝社内稟議を決裁する上でどんな案件なら通していいのか〟、現場スタッフには〝今やろうとしている業務は適切なのか〟といったことを考える上での、明確な判断基準を提供することになります。それによって

決裁者の負荷は大きく低減し、決裁権限の一部を部下に移譲することもできます。

つまり経営ビジョンが会社として実現したいことを明確に示していることにより、各種の施策について、どの方向で実行することが最適なのか、逆に経営ビジョンに反して、やってはいけないことは何なのかが明確になってきます。そして組織の中にこういう状況が生まれてくると、職場そのものが活性化していくことが期待できるようになります。

さらに経営ビジョンは、個々人のモチベーションの向上だけでなく、同一の事業を担当する部門間の一体感を生み、間接部門との間においても事業に対する理解が深まり、全社を挙げての連帯感が生み出されます。

非常に活力のある企業に生まれ変わることは、間違いありません。

マネジメント層の指針ともなる経営ビジョン

ここでもう少し、経営ビジョンがマネジメント層に与える影響について考えてみたいと思います。

先にも述べたように、明確な経営ビジョンが提示されることでマネジメントの決裁業

図3-3　経営ビジョン：中長期において目指す事業の姿を策定し、経営改革の礎とする

経営ビジョンは、絵画として描けること、頑張れば実現可能であること、経営目標の達成が可能なことを満たす必要がある。
DX時代を反映して、データの活用による顧客サービスの充実などを図ること、さらなる発展を期して新規事業の開発に取り組むこと、さらには、これらの事業目標の実現を支えるIT技術とデータ活用の基盤を整備することなどもビジョンとして考えられる。

務や意思決定は、迅速に、かつブレることなく行われるようになります。描かれた経営ビジョンにベクトルが合っているか否かが、決裁や意思決定の判断基準になるからです。

逆に経営ビジョンとはベクトルが異なり、その達成に無益、あるいは障害になる内容は、躊躇なく却下することができます。

未来に向けてのビジョンを持っているマネジメント層は、日常の決裁に迷い、考え込むこともなく、ストレスもなくどんどん業務をこなすことができるので非常に楽になります。

そして経営トップやマネジメント層は、意思決定の負荷が軽減されたことによって生まれる余裕や時間を、次のテーマを想定して、検討するための思考に回すことができます。つまり、現在取り組んでいる経営ビジョンに続くテーマを探索して、調査し、立案していくことができるようになるのです。

また、社内を見てマネジメントするのではなく、社外を見て事業を推進していくようにもなります。他社の動向や業界の動向、国内海外の動向、マーケットの価値観の変化、技術の動向などに注力することができるようになるのです。

このように経営ビジョンを策定し、社内に提示することは、組織の一体感を生み、従業員のモチベーション向上が期待できるだけでなく、意思決定の一貫性を裏付けしながらマネジメント層の決裁の質を向上させ、未来へ向けての経営革新の方向が見えてくる、という非常に大きな効果をもたらすものなのです。

経営ビジョンのもう一つの意味

何事かを成し遂げようとするとき、例えば、売上を50％向上させようとか、コストを10％下げようとか、成績を上げようとか、子どもを元気で優しい子に育てようとか、事業でも個人でも様々な思いがあります。

その際には、目標の持ち方こそが大切です。結果や目標をマネージ、管理しているだけではダメだということです。

コストを10％下げる目標を掲げたとしても、ことあるごとに「コスト10％低減は必須だ」と叫んでいるだけでは、思うような結果は得られません。

大切なのは、コストの原因になっているものを、しっかりと「管理」することになります。例えば、購入材料費を下げる、労務費を下げるために稼働時間をチェックする、歩留まりを上げるために品質を保つ……といったことになるでしょう。目標を念仏のように唱えているだけでは、何の成果も生まれません。経営ビジョンは、目標に向かって進むための手段です。具体的な姿を示すことが、目標の達成の近道となります。

経営改革と経営ビジョン

経営改革には、素早さとＩＴ戦略機能が求められる

前項まで、経営ビジョンについてお話ししてきましたが、現在、ＤＸという経営課題が注目されていますので、ここで改めて「経営改革」について考えてみたいと思います。

一般的に経営改革といえば、事業全体の成長・発展と事業価値の向上を目的とした事業競争力の強化が基本となりますが、停滞している事業の成長や業績の向上をさせたい場合や事業上の課題を見極めたい、あるいは組織管理の機能を改めてＤＸ時代にふさわしいものとしたい、といった場合も考えられます。

今、企業は、コロナ禍だけでなく、ＩＴ化の普及による急激な変化などもあり、これらに対応するように、経営のスタイルを再考していかなければならないタイミングにきているといえます。

例えばコロナ禍によって、人の交流が大きく途絶えてしまったことにより、旅客輸送や飲食、観光宿泊業界は大変な痛手を被っています。また、そうした業界の不況の影響を受

けて同様に業績が低下した業界もあれば、巣ごもり需要の恩恵などで業績が向上している業界もあります。突然発生したこのような経済的な混乱に対して、多くの企業は迅速に対応することができず、政府からの補助金などの金融支援を糧にして耐え忍んでいるわけですが、なかには素早く対応策を打って業績を拡大させている企業もあります。

こうした様々な企業の状況や対応策を見るとき、戦略的に素早く動けること、もしくはＩＴ活用に長けた戦略機能を備え持っていることが、非常に重要だと推察されます。つまり経営改革をうまく進めていくためには、理屈ではなく素早く動くこと、そして、ＩＴ戦略機能を備えていることに尽きるといえます。

素早く動くということは、やってみたけれどもうまくできないことがわかったときにも早い段階で引くことができ、その次に挑戦する時間ができます。また、うまくいった場合には、先陣を切る者の利益を享受することができるのです。

そして、経営改革を考えるときの主体は、最初は、やはりトップマネジメントであるべきだといえます。現場レベルの改善ならボトムアップによる効果が期待できますが、戦略的な改革はトップダウンから始めなければいけません。

そのため、経営トップやその参謀は、社内ではなく、常に外に目を向けてマーケットの変化や顧客のニーズ、業界の動き、経済の動き、技術のトレンドなどに関心を払い、注視し続けなければなりません。

ＩＴがキーワードになる今のような時代には、ＩＴ技術やＩＴソリューションも、速く、激しく変化しますので、常に注視する必要がありますし、情報システムの「価値、生む活用」の観点からも、ＩＴトレンドを把握し続けることは非常に重要となります。

しかし昨今のＩＴ技術は、専門性が高く、トップマネジメント層が自らその知見を持ち、具体的な施策に対応していくことは容易ではありません。

そのために、ＩＴの知見が豊富で、かつ、事業経営への理解に優れた参謀や、参謀組織を設けることが必須となります。

そして、そういった組織のトップには、情報や情報技術に関する上位の役員であるＣＩＯを置くことが望ましいと考えられます。それによって、経営とＩＴが直接結びつき、初めて、経営戦略や事業戦略を迅速に展開していく体制が整うことになります。

このような環境整備ができてこそ、情報システムの「価値、生む活用」も現実味を帯びてきます。

優れた経営ビジョンが経営改革を成功に導く

経営改革を推進する上で最も有効な手段は、優れた「テーマ」を経営ビジョンとして設定して進めていくことです。そのテーマに向かって社内の各部門がそれぞれの役割を挑戦的に果たそうとすることで、多くの課題が解決に向かって、同じベクトルで、同時に動き出すことになり、最終的に技術的な成果や業務プロセスの改善、組織の活性化など数多くの成果を得ることが可能となります。

しかし経営ビジョンが曖昧であるとか、成果が感じられない、あるいはクリアすべき課題が容易な場合には、最終的な成果は小さく、組織の活性化も期待できません。経営改革の実現には、程遠い結果を招くことにもなりかねないのです。このように考えてくると、前述したアポロ計画が、いかに素晴らしいビジョンだったかということを改めて思い知らされます。

また経営改革を推進するためのもう一つの手段が、「情報の公開」と「権限の委譲」です。先にもお話ししたように、権限の委譲は、組織や社員のモチベーション向上に、非常に大きな効果をもたらします。そして権限の委譲は、情報の公開とセットで行うことが必須条件です。必要最低限の公開情報としては、受注、出荷、在庫、生産計画、原価など実務に関するものが挙げられます。

ここまでの話を整理すると、経営改革を全社を挙げて進めていくためには、まず経営トップの参謀としてＣＩＯを置き、ＣＩＯを頂点とする「ＣＩＯ参謀組織」を編成する。そして優れたテーマを経営ビジョンとして設定して、さらに、事業の現場への情報公開と権限の委譲をすることで、成し遂げることができます。

経営改革というテーマを考えるときには、事業活動を担う開発、生産、購買、販売といったそれぞれの機能について改善することが多々あるかと思いますが、事業活動に関する情報のインプットがない中では、「組織を活性化する」「プロセスを改善する」「技術開発をする」といってもその機動力は小さく、努力の割にはそれほど大きな成果は得られません。

ＣＩＯを頂点とする組織の構築と経営ビジョンの設定、情報公開と権限委譲こそが、経営改革を効率的に進め、最も大きな成果を迅速に獲得するための貴重な手段なのです。

経営改革としての「既存事業」の強化

既存事業強化の第一歩は、データ活用から

経営改革の施策として、「事業改革プロジェクト」は効果的なものの一つですが、その中でも「既存事業の強化」は、リスクも小さく、取り組みやすいテーマです。2～3年での実現、定着を目指す中期的なテーマとして設定し、短期間で実行に移すことは、比較的容易です。従って、まず取り上げるべきは、「既存事業の強化」といえます。

「既存事業の強化」には、いろいろな側面の施策が考えられます。

真っ先に思い浮かぶことは、「事業の効率向上」に関するテーマでしょう。その代表的なものは、「コストの低減」に関する事項で、原材料のコスト低減や生産プロセス効率化、在庫など棚卸資産の低減などが挙げられます。ただ、これらの課題は多くの企業が日常的に行なう課題でもあり、ここに着目しても、今さらといった感じは免れません。また、業務の現場においても、「またか……」といった空気になってしまうことが容易に想像でき

ます。

「事業の効率向上」に関してのもう一つの側面としては、「収益性の向上」があります。これは、例えば販売する商品の収益性に着目して、収益性の高い商品の組み合わせを商材として重点的に販売促進するといったことで、従来の事業活動の中でも、恒常的に採用されている施策と考えられます。

これに類する「販売促進」ものでは、顧客の購買履歴に着目して販売促進を図るものがあります。毎年あるいは数年に一度、または数十年に一度など、一定期間ごとにリニューアルする、または買い替える必要がある商品の場合に、顧客の購買履歴に着目して、一定のタイミングで販売促進を図る作戦です。購買履歴には、購買日時、顧客の好み、価格帯などの情報が記録されていますので、販売促進に役立てることができるでしょう。また、競合他社へと逃げられてしまう前に顧客にアプローチできることは、アドバンテージにもなり、営業に役立つことになります。

また、ここに購買履歴以外の情報が記録されていれば、さらに大きなチャンスが生まれます。例えば、購買時、あるいは購買後の製品に対する顧客の評価などが取得できていれば、効果的な販売活動が展開できます。さらに、小売業において、顧客の家族や所得などの情報を蓄積できていれば、それまでに購入した商品以外の商材を販売していける可能性が生まれ、ビジネス機会が拡大します。

既存事業の強化には、事業効率の向上に次いで、「顧客サービスの向上」も挙げることができます。「顧客サービスの向上」には、商品の品質向上やサービスの迅速化、納期の短期間化、発注方法や支払方法の簡便化など、多くの対応策候補が存在します。こうした施策を現実に展開すれば、事業内容によっては、大きなビジネスチャンスが生まれるかもしれません。

このような事業改革のプロジェクトを実施する際にも、先にご説明したように、「経営ビジョン」を策定し、公開することを忘れることのないようにしたいものです。

データ活用の視点から既存事業を眺めれば、改革できるテーマは多々ある

国内に何万店も店舗を構えるコンビニエンスストアは、収集した各種データを、売れ筋商品の把握や新商品の開発に活用するだけでなく、在庫管理や受発注業務を効率化するためにも使っています。さらに収集したデータをより効果的、効率的に活用するために、従業員がデータを簡便に利用できるように、モバイル端末を自在に使える環境を整えています。

コンビニエンスストアのこうした取り組みによって、全国の中小の小売店は淘汰されてしまいました（図3－4）。活用している仕組みを眺めてみれば、それほど難しいことをしているわけでなく、当たり前にデータを収集し、活用しているだけにすぎません。

流通・小売の大企業では今や当たり前に使われているものです。

このコンビニ業界がつくったような仕組みを、インターネット上で実現しているのが、アマゾンや楽天に代表されるネット通販業界です。ネット通販も小売業中心の世界ですが、同様の仕組みをサービス業に当てはめれば、既存事業をさらに強化できる可能性は十分にあります。データを活用することは、既存事業を強化するための第一歩だともいえる

図3-4　個人商店の店舗数は減少の一途

個人商店は、1982年の129万店から25年後には57万店に急減している。

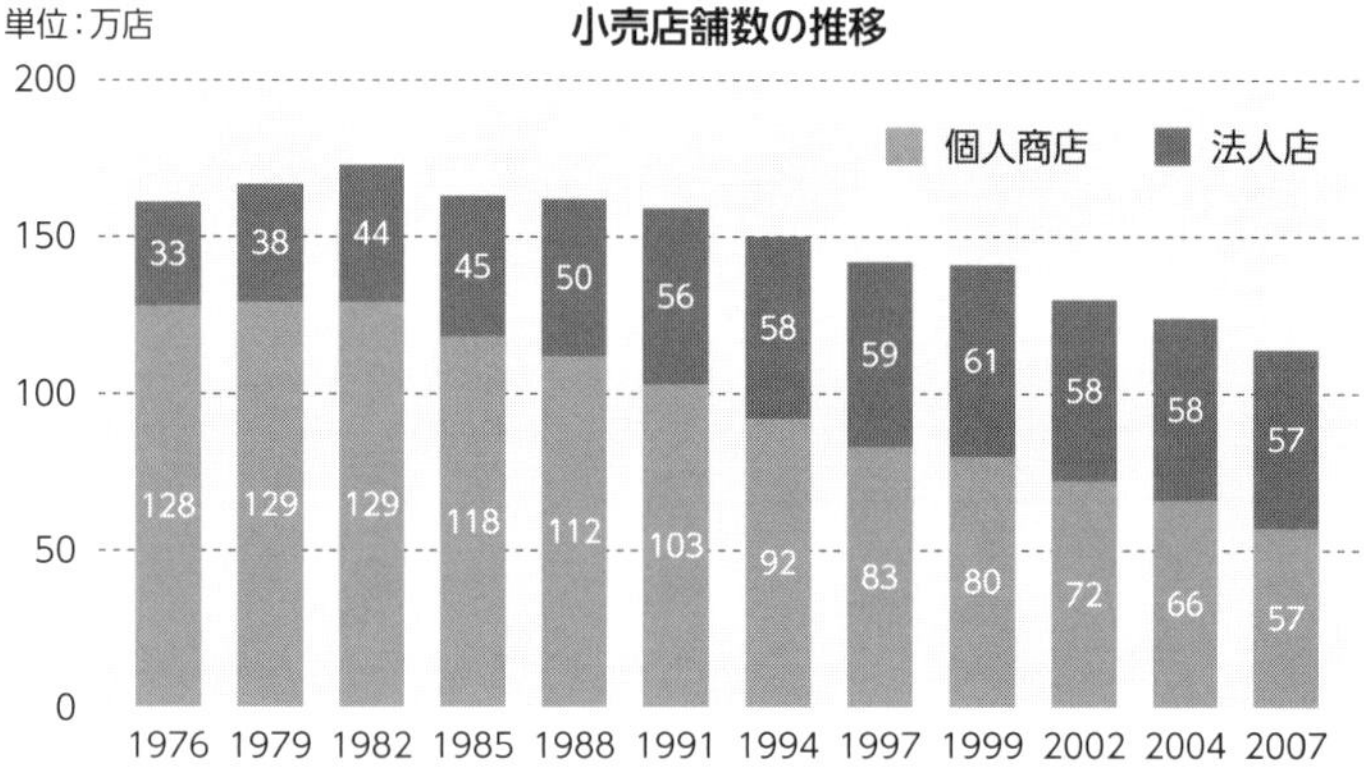

（出典：経済産業省　商業統計）

でしょう。まさに情報システムの「価値、生む活用」が実現できている状態です。

こうしたことは、少し考えれば当たり前のことですが、活用できるデータが収集されていない、収集されていても使えるように保存されていないなど、データ活用のための環境が整えられていない事例は少なくないようです。データ活用の視点で現状のシステム仕様を見直したり、営業の仕方、資材の購買から外注加工、生産管理、販売管理、出荷といった自社内のサプライチェーン、原価管理の仕方などを見直せば意外な発見があるのではないでしょうか。


このように既存事業におけるサプライチェーンを検証すれば、棚卸資産の縮小、コスト低減、品質向上、納期の短縮など、多くの〝宝の山〟が見つかると思います。サプライチェーン全体のロット数を小さくすることで、生産スピードが向上し、工程内在庫を低減させるのと同時に納期も早めることができ、製品在庫も削減できたという事例もあります。

これもまた、情報システムの「価値、生む活用」が実現されている状態だといえるでしょう。もちろんデータの活用だけで獲得できる効果ではありませんが、少し視点を変えることで、改革できるテーマは数多く発見できるのではないでしょうか。

経営改革としての「新規事業」への進出

新規分野で提供する自社の強みを考え、データを活用する

前項の既存事業の強化に加えて、経営改革の候補となるもう一つのテーマは、既存事業に関連する「他分野への新たな進出」です。

具体的には、既存事業の上流工程、あるいは下流工程の事業が考えられます。さらにそれ以外にも、既存事業で培われた技術やノウハウなどを活用できる事業が有力な候補となります。

既存事業の上流工程に位置する事業としては、技術開発、製品設計、あるいは専用部品の生産など高い専門性が求められる事業が該当します。保有する強力な技術を基盤に育て上げられる事業は、有力な進出候補となります。

一方、下流工程の事業はアフターサービスや販売など、従来扱っていた製品に関する事

業で、それまでに培ってきた多くの知見や技術を活用することができ、参入のリスクも事前に把握しやすいですが、顧客の求めるニーズに的確に応えるだけの高いサービス水準が担保できるか、また、そのサービスが顧客にとってユニークなものかを十分に吟味する必要があるでしょう。

その条件を満たせない中途半端なサービス設計では、新規参入することは難しいかもしれません。

また、既存事業の製品技術や加工技術、管理技術などを、他の産業・事業分野へ転用するという形で新規事業に挑戦することも、一つの方法として考えられます。

例えば、管理技術を応用する農業の工業化、魚の陸上養殖、工場の自動化技術をベースにした事業や、海外進出への経験を活かしたグローバル化に関するコンサルティングサポートなども、ユニークな新事業として注目されるでしょう。

いずれの場合も、情報システムの「価値、生む活用」がより高いレベルで各事業を下支えしていることは言うまでもありません。

新たな事業に進出する上では、それを実現するための手段として、ＩＴ技術と各種のデータを活用することで、質の高い成果に結びつきやすくなります。

そのために最初に取り組むべきことは、自社内にＩＴ技術を統括する組織を設けること、人材の育成環境を整えること、必要な技術基盤を整えること、などが挙げられます。


また、経営改革に当たっては、進取の気性を備えた企業文化を醸成することも大切です。従業員が自分の立場を守る行動をする、成すべきことに心が向かっていない、今まで通りしていればよい、リスクを考えるだけで行動に移せない、というような企業体質では、新しいものは何も生まれません。

革新性を受け入れられるような自由闊達な文化、組織が内向きではなく外を見る仕組み・風土、これらが重要になります。


事業の強化やお客様サービスの向上を狙って、データとデジタル技術、すなわちＩＴの活用による改革・改善をするといっても、それを大いなる成果にまで発展させるには、ＩＴ以外の機能整備も疎かにしないように留意しなければなりません。

改革・改善するテーマを推進する組織や人材、販売する商品のラインアップやサービスのメニュー、ツールなどを整え、さらには、メンバーの教育やトレーニングが欠かせないものです。

政府のマイナンバー制度のように、マイナンバーを個人に与えただけの制度では、何の役にも立ちません。そんな事態を招かないように、目的をきちんと達成できるような仕組みを整えることが肝要です。

Column

「できあがりをイメージして」

Excelで顧客別の売上管理をしようとするときには、どのように進めていくにしても、最終的にどんな姿にまとめるか、考え、構想する必要があります。どうせやるなら、できあがりをしっかりイメージして、効率的に取り組みたいものです。

そうはいっても、良い考えはなかなか浮かばず、イメージも湧いてこない……、だから、進めながら考えよう、修正しながらやっていった方がいい結果を得られるかも、といった考え方もあります。個人的な作業ならば、その方が面白く、スリリングで、ハプニングも生まれたりして楽しいかも知れません。

とはいえ、多数のメンバー、組織で行う場合には、そうはいかないでしょう。着手する前に十分考え、どんなこと、どんな物をつくろうとしているのかを示した方が、多くの人や、組織を動員することができるはずです。

そうした場合には、構想する内容の“質”が求められます。構想の内容が貧相な場合には、人も組織も動機づけすることが難しくなってしまいますし、労力の無駄にもなります。

“質”の高い構想力を持てるように、日々、努力することが大切です。

第四章

ビジネスデザインの展開

ビジネスデザインと第一のターゲット
～既存事業の強化

経営ビジョンを具現化するための行動計画！

ビジネスデザインは、前章で説明した経営ビジョン（＝目指す姿）を実現するための具体的な行動計画です。経営ビジョンは、５年後、10年後までにつくり上げる会社の事業の姿でしかありません。それを実際に形あるものにつくり上げるためには、いろいろな仕事を連携させて、多くの人材と多大な費用を投入することになります。その実行プロジェクトは長期にわたるものになりますが、速やかに立案して推進していく必要があります。

プロジェクトの良し悪しで結果は大きく違ってきますので、慎重にかつ素早く計画をつくり上げて、実行に移します。そして、このビジネスデザインを形づくる上での中核は、ＩＴ（Information Technology：情報技術）、すなわち「データとデジタル技術」を活用することを前提にしなければなりません。「データとデジタル技術」を活用することにより期待できる成果は、活用しない場合と比べて何倍も大きく、質の高いものになるはずです。

図4-1　ビジネスデザイン：経営ビジョンを行動計画へ展開

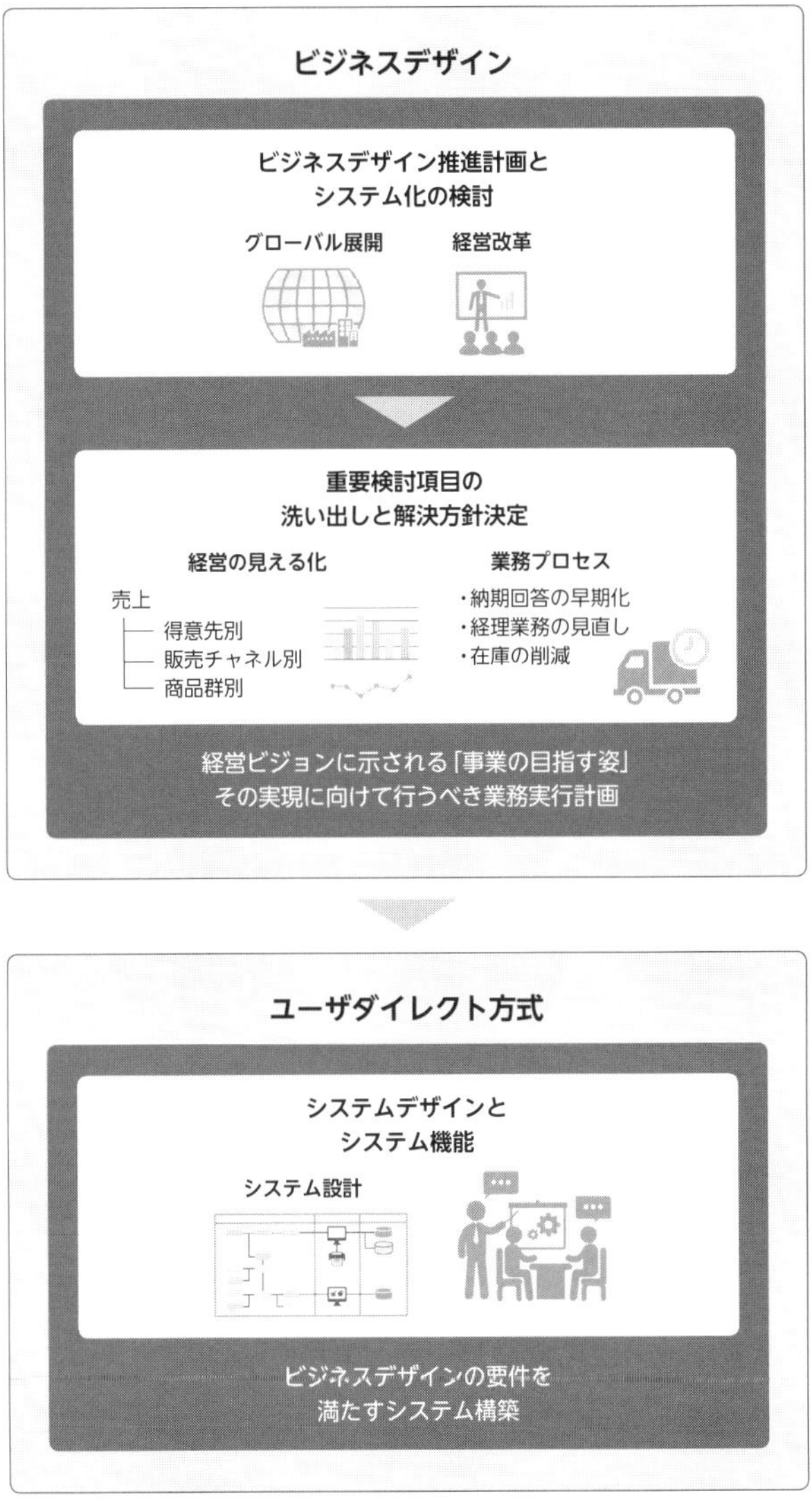

まずは既存事業の強化をビジネスデザイン策定のターゲットにする

ビジネスデザインの策定に当たっては、経営ビジョンの実現を視野に入れた取り組みが求められますが、いきなり大きなテーマを目標に掲げるとハードルは上がります。まずは、リスクを最小限に抑えるためにも、既存事業の強化をテーマとしてビジネスデザインを策定し、実現のためのプロジェクトを立ち上げます。これをきっかけとしてDXに対する苦手意識を低減し、社内に「データとデジタル技術」活用のイメージを普及させます。

基幹業務システムを経営管理に活用することを検討

一方、基幹業務システムの活用に関して課題だといわれているのが、経営管理に基幹業務システムが活用されていないことです。従来のシステムが十分な機能を備えていなかったという事情もありますが、システムを導入する際に「経営管理で活用する」という観点が抜け落ちていたという背景もあります。ビジネスデザイン策定の工程では、経営管理におけるシステムの効果的な活用を課題にすることも一案です。

まさに情報システムの「価値、生む活用」を実現するための第一歩だともいえますが、こうしたビジネスデザインの要件を満たすことのできるシステム構築の方法が「ユーザダイレクト方式」です（「ユーザダイレクト方式」については第六章で詳しく紹介します）。

「データとデジタル技術」の活用が、経営改革に大きな役割を果たす

第一章でご紹介した「ＤＸレポート」では、基幹業務システムを有効に使って、「データとデジタル技術」の活用を実現していくことを提唱していました。基幹業務システムは、企業経営の中核を担うシステムですので、この有効活用、戦力化は、経営改革に大きな役割を果たすことになります。特にデータの活用は、その中心となるもので、データによって顧客の購買活動の実績や嗜好の違いまでを把握することで、販売効率を大きく上げることが期待できます。自社が現在保有する顧客データをうまく使える基幹業務システムの場合は、そのまま活用できますが、それが不十分な場合には、システム更新のタイミングにあわせて、データの再利用ができるようにシステム仕様を改善する必要があります。

そしてビジネスデザインの策定時には、その次の工程で開発される基幹業務システムに求められる要件を立案します。この要件をまとめることが、ビジネスデザインの大きな役割の一つです。またビジネスデザインのもう一つの役割は、システム要件以外の、プロジェ

クトの組織、人材の計画と配置、それぞれの組織の役割と求められる成果、日程などの計画づくり、予算の手当、業務環境の設置、外部との連携体制づくりなどで、システム構築以外の計画も綿密に練る必要があります。システムと実業務が連携してこそ、経営ビジョンの実現に向けたプロジェクトを確実に推進することができます。

ユーザ企業が主役で、ITベンダーはサポート役

経営ビジョンの策定、ビジネスデザインの策定が終わると、続いてシステム導入の工程に入りますが、このときに、上流工程の経営ビジョン、およびビジネスデザイン策定のプロセスは外部のITベンダー任せにせず、ユーザ企業自身の手でまとめ上げることが望まれます。第一章でも触れましたが、日本におけるシステムエンジニアの3分の2はITベンダーに所属し、ユーザ企業には3分の1しか所属していないというのが現状です。これによりユーザ企業にはIT技術のリソースと、ITの知見が不足しているという状況が生まれており、これがDXの推進を大きく妨げているといわれています。

こうした背景に鑑みて、経営ビジョンやビジネスデザインの策定作業も、ユーザ企業自身が主体となって積極的に推進し、社内に知見を蓄積していくことが非常に重要だと考え

られます。自社のみでは、そうした知見が足りないという場合には、ＩＴベンダーのサポートを仰ぐことも必要になると思いますが、それはあくまで限定的な規模に止め、主たる役割は社内の人員が果たすべきでしょう。

「データとデジタル技術」の活用で、経営革新の実現は大きく高まる

経営ビジョンの策定、ビジネスデザインの策定と順次プロジェクトを進めると、社内では徐々に「データとデジタル技術」による経営革新の機運が高まってきます。

そして、ビジネスデザイン策定時に立案した基幹業務システムの要件に基づいてシステムを導入して本稼働が始まれば、システムに組み込んだ要件が動き出し、直ちに経営ビジョンの実現に向かって企業全体が進むことになります。従来型の経営改革では、なかなか成果が出てこないといった事例が多いと思いますが、システムを活用した経営改革は、システム稼働と同時に実行に移され、確実に改革が実現していきます。システムを活用した経営改革には、こうした良さがあります。「データとデジタル技術」による経営革新は、実現の可能性が高く期待も大きく膨らみます。

ただし、策定したビジネスデザインの精度の良し悪しは、その後のシステム構築プロセ

スの品質をも左右します。鍵を握るのは、やはり経営トップとCIOを中核とするマネジメント層の関与です。DX時代といわれて気後れされることがあるかもしれませんが、うまくこの波に乗れば、自社の未来は明るく拓けてきます。最初のきっかけは、小さなことでも構いません。少しでも進めることで、DXの旨味がわかってくると思います。

既存事業の強化を図るための二つの方法

ここで改めて、ビジネスデザインで取り組むテーマ（経営ビジョン）のうち、既存事業の強化について考えてみましょう。既存事業の強化には、「事業効率の向上」と「顧客サービスの向上」という側面があります。

事業効率の向上は、現在行っている事業を内側から強化するもので、リスクも少なく、取り組みやすいという特徴がある反面、得られる成果は限られます。もう一つの顧客サービスの向上は、顧客の購買・取引データを活用して顧客との取引を拡張することが基本です。稚拙な手段を講じてしまうと、当初の期待とは裏腹に取引が縮小してしまうというリスクを抱えますが、効果的な手段を取ることができれば、売上の拡大、さらには新しい商品やサービスの発掘にまで広がる可能性を持っています。顧客サービスの向上は、いわば外向きのアプローチで、事業拡張の手段として積極的に取り組むべきテーマです。それでは次に、この二つの方法におけるデータ活用のメリットを見ていきます。

データの活用による事業効率の向上

事業効率に係る項目としては、商品ごとの収益性、資材の購入、生産や管理などのプロセス、在庫等の棚卸資産などが挙げられます。これらの事項は、基幹業務システムによって管理される基本的な要素です。基幹業務システムの機能が充実したものであれば、これらの要素はすべて管理することができ、保管されているデータを活用することによって一層の効率化が進められます。

既存事業の効率化については、日常的な管理で対応できる要素が多々あります。主なものとしては、営業活動における収益性分析機能によって、商品あるいは事業ごとの収益性のデータを活用しながら、最も収益性の良くなる商品群を設定し、販売の奨励策を取ることです。これには、商品だけでなく、顧客層、地域などによる収益性の違い、さらにそれらの組み合わせ、例えば、商品と顧客層、地域と商品などによる収益性の違いを把握して、販売の奨励策を展開するなど、収益性という切り口だけでも経営効率の向上を図る手法が見えてきます。また、原価に注目して、製品やサービスのコストの低減を図ることも事業採算上重要な要素です。原価は、その構成要素である原材料費や労務費、用役費などのデータとその変化を基幹業務システムで管理することによって、改善すべきポイントを把握します。期首に原価要素である、原材料費、労務費、用役費の目標値を定め、期中月ごとに各原価要素の目標値と実績値の乖離を把握して、製品やサービスの原価変動の原因を把握し、その改善を図っていくことで、継続的に原価を低減させていくことができます。

さらに、棚卸資産についても同様に、原材料の品目別の残高の推移、工程内の在庫、製品在庫などをリアルタイムに把握することで、原材料の発注ロットの適正化、出荷予定のない製品在庫の撲滅、工程内の仕掛品の適正化、品質不良品の撲滅といったことを推進し、棚卸資産の削減につなげることができます。

こうしたデータは、すでに手元のシステムに存在している可能性は高いです。これまで関心もなく、放置され活用されていなかっただけのケースも多いだろうと推察します。今一度確認されることをお勧めします。

データの活用による顧客サービスの向上

顧客は、その主体が個人であれ企業であれ、販売業者に対しては我がままなものです。例えばあらゆる取引条件を、自分にとって都合よく、最適化してくれることを願います。商品や個人との取引形態、すなわち商品の販売やサービスの提供について考えてみると、商品やサービスの低価格や高機能、高品質は当然のこと、短納期、安い配送料、支払手数料がないこと、返品の自由度、気の利いた提案やアドバイス、アフターサービスの充実、補修部品の提供、修理水準の高さ、時間を問わないヘルプデスク、Q&Aの親切さなど、顧客の要望は至るところにまでおよびます。さらに商品であれば、常に斬新なデザインやブランドイメージであることが求められますし、サービスであれば丁寧、かつフレンドリーであることなどが要求されます。顧客が個人の場合には、こうした望みを満足させることで、自社の人気は高まり、販売成績も高い水準で維持することができます。

一方、企業間取引（BtoB）の場合には、顧客から求められる内容も少し異なり、予算の遵守、気の利いた要件の追加、日程の遵守、支払い条件、提案やアドバイスの質の高さなどが重要視されます。そしてこれらの顧客ニーズに応えるためには、購入、取引の日付、品目、価格、その他の条件をデータとして記録し、次回、顧客が購入するタイミングの把握、購入の対象、数量などを推測し、営業活動を展開することが肝要です。

個人、法人にかかわらず、このような顧客の要望にきめ細かく対応していくためには、基幹業務システムで取引実績を記録し、再利用しやすいようにシステム機能を充実させておくことが必要です。また、取引実績と同時に、その際の顧客のニーズや顧客からの評価、満足度なども収集しデータ化しておくことも重要です。

こうしたデータの活用を可能にする基幹業務システムこそが、ＤＸの実現を可能にしてくれます。自社内にデータとデジタル技術の活用が習慣付けられれば、ＤＸで求められる組織文化の改革も、着実に進化していくものと考えられます。

また充実したデータ群からは、既存の取引実績だけでなく、新しい商品やサービスのニーズを見出すヒントが収集できる可能性が高く、社内で広く共有することが望まれます。また先にも述べましたが、顧客との取引は、社外の環境の変化によって影響を受けやすいものです。国内だけでなく全世界の経済環境や政治的な変化、社会の動きなどを常時ウオッチングしておくことも忘れてはならない事柄です。

ビジネスデザインと第二のターゲット
～新規事業への挑戦

DX時代に新規事業を創出する方法とは

ここでは、ビジネスデザイン策定の二つ目のターゲットとなる「新規事業の創出」について考えてみたいと思います。企業がドラえもんの「四次元ポケット」を持っているかのように、「データとデジタル技術」の活用による多種多様な事業を創出できればいいのですが、そんな便利なポケット、いわば「DXポケット」は持ち合わせていませんので、DX時代にふさわしい新規事業を見つけることは、それほど簡単ではありません。

第一章で紹介しましたように、分野を問わず新しい事業がどんどん登場してきていますし、既存事業がその形を変えて再登場しているケースもあります。まさに、ドラえもんの「四次元ポケット」のように、「あったら、いいな」と思われる事業が生まれているようです。実際、「ウーバーイーツ」のような、「そんなものうまくいくわけないよ」と思った事業などが次々に現実化してきています。

新事業の対象となる分野に聖域はありませんが、全くの新事業というよりも、既存事業で行われている工程の一部をデジタル技術で形を変えて登場させたビジネスを数多く見かけます。というより新事業のほとんどが、既存事業からの派生したあるいは置き換えた事業がほとんどではないでしょうか。すでにそうした事業が乱立している状況で、どんな分野にどんなコンセプトで進出すれば勝ち目があるのか慎重にかつ大胆に意思決定しなければなりません。独自路線を歩みたいという考えは貴重ですが、他社が先んじて事業化している事業でも全く構わないと思います。後発だからハンディが大きいとは限りません。後発だから先発者の被った課題を回避することができ、ビジネス的に旨味のある部分を総取りできるというアドバンテージを得る可能性もあります。

この書籍の執筆をしながら、どんな新規事業があるのかを考えてみると、面白そうなテーマがポロポロと湧いては消えていきます。そんな中から見えてきたのは、どうも伝統的な行動様式が強固に守られている世界や分野に、まだ見つかっていない、あるいは見過ごされている宝物が眠っているように思えます。新規事業に思いを巡らせる中で、頭に浮かんだ思い付きを形にしていくことを検討されてはいかがでしょうか。

その際には、プロジェクトルームを五〜六つくらい設置し、ＣＩＯが統括して、新規事業発掘のためのプロジェクトを立ち上げることです。そして各プロジェクトのメンバーを自由に活動させることが、良いアイデアを生む土壌を作っていくのではないでしょうか。

そうした自由さを経営トップが許容するかどうかが、革新的で創造力豊かな文化の醸成に大きくかかわるのかもしれません。

また、未来に向けた事業候補を探すことが好きな、あるいは得意な若いメンバーを採用して、自由に活動させてみることも一案です。

さらにもう一歩進めて、外部研究機関との連携を図るとか、大学の研究に参画するなどして、新規事業のテーマを発掘する方法もあります。やはり新規事業に挑戦しようと考えるなら、とにかくやってみること、行動してみることが先決です。

企業文化は「データとデジタル技術」を活用する中から……

経済産業省の「DX推進ガイドライン」によれば、「業務そのものや組織、プロセス、企業文化・風土までも変革すること」が、DXの目的とされています。例えば情報システムの「価値、生む活用」、すなわち「データとデジタル技術を活用すること」は、既存事業の強化や改革を推し進めていくことになります。しかしそれだけでは、「企業文化・風土」までも変革するには至りません。企業文化や風土は、意図的に変えられるものではなく、仕事や仕事の仕方からの影響を受けて、その結果として変化していくものです。

コロナ禍で、仕事の仕方は大きく変わりました。WEB会議や在宅勤務、リモートワークが当たり前になり、それに伴って仕事の評価や決裁方法の見直しが行われ、さらにはオフィスの撤去や本社の移転が進むなど、様々な変化が生じています。これらは、コロナ禍という原因があったからこそ生まれた結果だといえます。

つまり、企業が意図的に仕事の仕方を変えたわけではなく、未知の脅威に対処するために様々な変革を余儀なくされたということでしょう。

新たな企業文化や風土は、このように仕事の仕方が変わったことから生まれてくるものだといえます。データとデジタル技術を本格的に活用することで、仕事に対する姿勢や文化も変わります。そして、それは意図的に変えられるものではなく、必然的に変わっていくものです。

新規事業創出を考える際のヒントとなるスマイルカーブ

「スマイルカーブ」は、台湾のパソコンメーカー、エイサー（Ａｃｅｒ）社の創業者であるスタン・シー（施振栄）氏が20年以上前に提唱した考え方です。

パソコンなどの電子機器の製造業においては、事業の上流工程、および下流工程で生み出される付加価値は大きく、中央部分の加工・組立工程では小さくなるというもので、そのカーブが、にこやかに微笑んだ人の、口の形に似ていることからスマイルカーブと名づけられました。

上流工程には、技術開発や機能部品の供給が、下流工程には販売やアフターサービスが配置されます。また、中央部分の工程には加工、組立など、いわゆる製造業の中核機能が位置します。

日本の製造業では、開発から生産、販売まで一貫したプロセスに則って事業を展開している企業がほとんどでしょう。しかし、そうした事業者でも、上流工程では素材メーカーや部品メーカーから、半導体、あるいは半導体を使った部品などの供給を受け、下流工程ではエンドユーザへの販売を他社に依存しているケースが多いと考えられます。そのよう

図4-2　スマイルカーブ

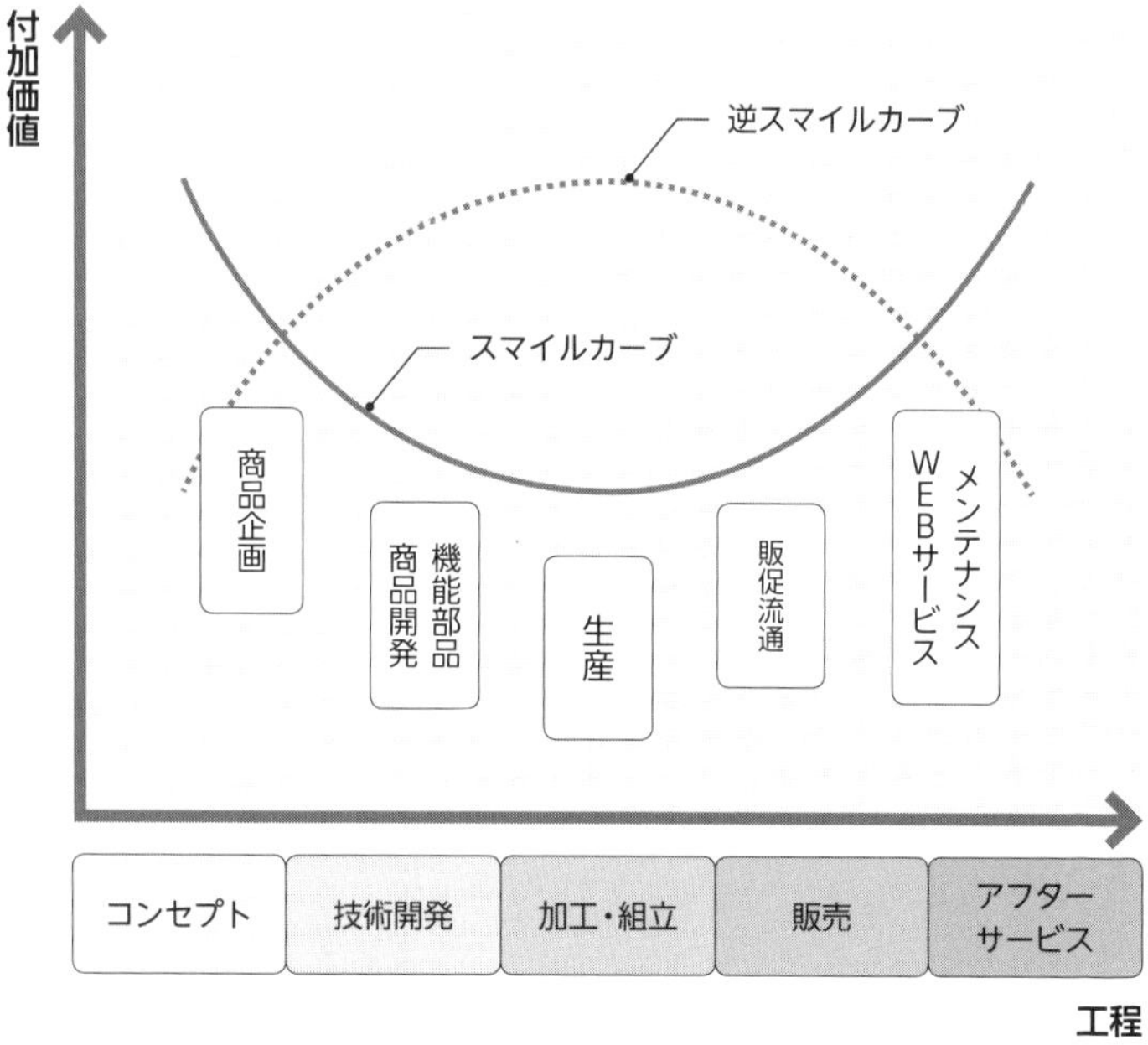

電子機器の製造業では、上流工程、下流工程で生み出される付加価値が大きく、中央部分の加工・組立工程では小さくなる。

アップルは、上流工程と下流工程での事業に集中し、膨大な利益をあげている。

衣類など他の産業でもこうした分業が進んでおり、一部の事業者に富が集中しやすくなっている。

上流、下流工程の産業が未成熟な社会では、まずは物さえあれば良いという価値観が主流になり、逆スマイルカーブ状態が定着する。

な場合には、自社自身で行うのは組立・加工の工程のみになり、図4－2のスマイルカーブの例のごとく、当該事業における付加価値が限定的なものに陥る危険があるといえます。

このようにスマイルカーブに照らし合わせて新規事業を検討する場合、既存事業の上流工程、あるいは下流工程を見渡し、自社で与することができる新たな事業がないかを検討し、探し出すことも一つの方法です。

上流工程では、技術開発、専用部品の供給、下流工程では、流通やアフターサービスなど、与しやすい候補を探し出すことができそうです。

ビジネスデザインで考えるべき経営管理とデータの活用

「SAP S／4HANA」と「SAP Fiori」で実現できる経営管理

基幹業務システムを経営管理に、より一層有効に活用させるという命題に対して、第4世代の「SAP ERP」としてアップグレードされた「SAP S／4HANA」は、経営管理に活用できる機能を強化して登場し、その利便性を一段と向上させています。

経営管理に対する機能向上という面で最も有効に働くのは、「SAP S／4HANA」がインメモリーシステムという形でシステム基盤が刷新され、業務処理スピードが飛躍的に向上したことです。それに伴い、データの収集、分析、表示スピードが格段にアップし、まさに事業の状態をリアルに参照することができるようになりました。これに加えて、データの分析、表示に関する機能が充実し、システムの利便性が向上しただけでなく、数値表示、トレンド表示、比較表示、さらには各種のグラフによる表示も簡便に設定できるようになり、処理スピードの向上と相まって制約条件が解消され、リアルタイムに、経営管理機能として活用できるようになりました。その代表的な機能として挙げられるのが操作画面の「SAP Fiori」です（すでに第二章で紹介しましたので割愛します）。

こうして表示する機能は、「常時表示する経営ダッシュボード」や「事業部門ごとの管理」、「営業の進捗管理」や「生産の進捗管理」、さらには「年度の重点目標に関する原価管理、品質管理、社員の就業管理」など、目的ごとに設定して多面的に展開することで、経営の透明性が高まり、スピーディーな経営管理風土が醸成されます。経営トップは経営会議や各部門からの報告を待つことなく、リアルタイムに自社の経営状況や各事業の進捗情報を知ることができます。経過報告が中心であった従来の会議が、今後の政策、対策中心となり、おおげさに言えば、未来の政策に対する戦略的な討議の場に変わってきます。

図4-3　多くのKPIを表示する「SAP Fiori」画面

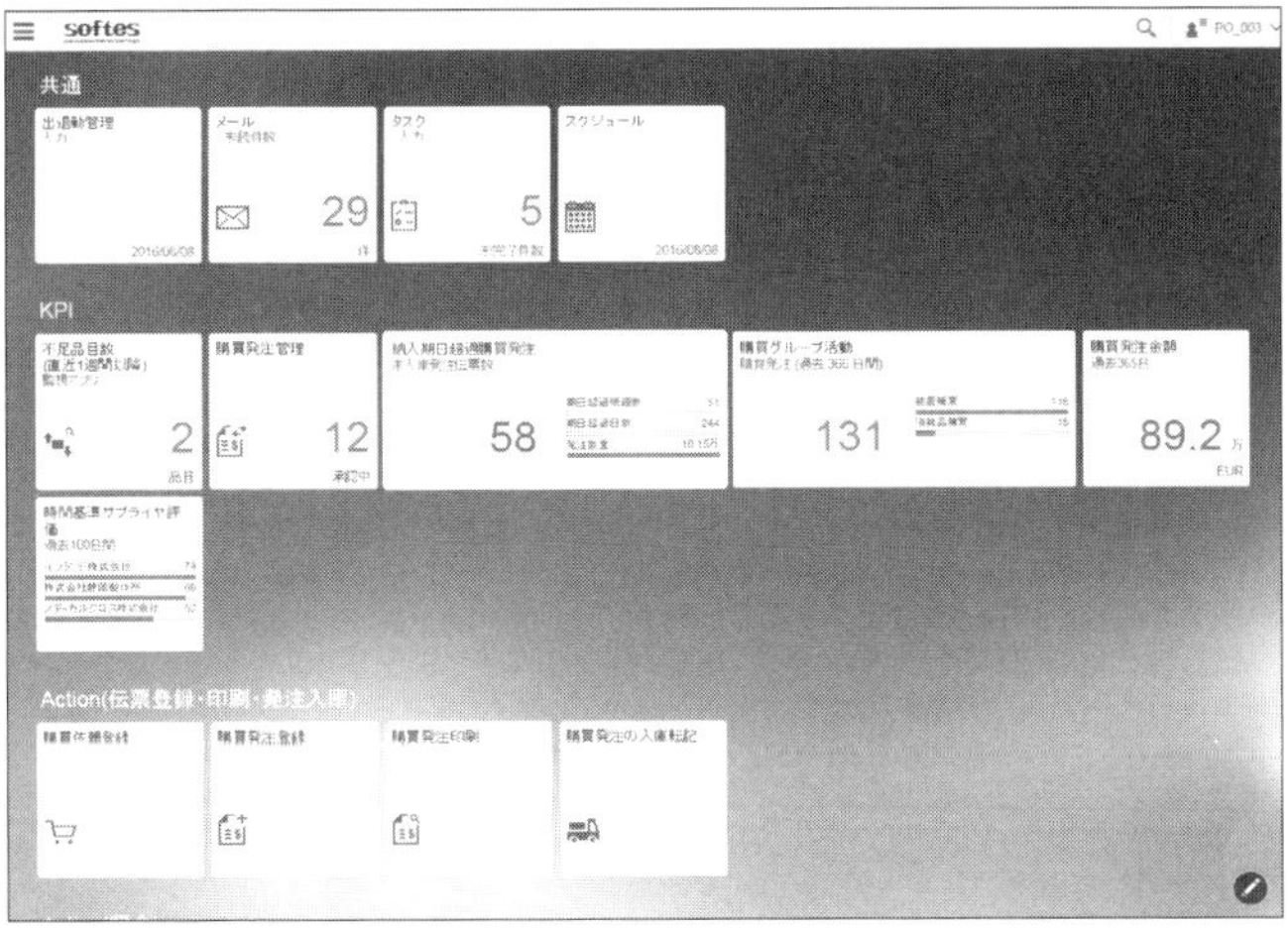

Column

「アマゾンだけでない。データの活用」

アマゾンは、通販において押しも押されぬ王者として君臨しています。どうしてここまで成長してきたのでしょうか？ 考えてみると、通販サイトが使いやすいこと、品目が多いこと、支払いバリエーションが多いこと、返品が抵抗なくしやすいこと、リードタイムが短いことなどが挙げられます。これに加えて、先に購入した人たちの評価やレビューが参考になって、購入する物の選択が安心してできることも挙げられます。

同社は、元々、本の通販からスタートしました。書籍は、本屋さんで手に取ってみないと選びにくいものです。そのハンディを、購入者の評価、レビューを掲載することによって補いました。これは、いい方法です。情報を顧客から集め、購入者に提供する……、実に、お金のかからないデータ活用といえます。

こういうデータの集め方、使い方は、アマゾンだけでなく、楽天などの通販サイト、ホテルの予約サイト、保険業界などにもたくさんあります。これらの共通点は、商品やサービスについて、リモートだけではわかりにくいところを、顧客の評価で補う点にあります。これを上手に使うと、確かに面白いですよね。

いろいろな業界で群雄割拠が続きますが、こうしたプロモーションが、あまり無いか、少ないのが、住宅や住設機器などの業界かもしれません。特に住設機器は、分野が多く、かつ10年、15年単位でリニューアルする場合が多いため、顧客として、商品やサービスの評価がつけにくい分野なのかもしれません。ただ、ここに何か、宝が眠っているような気がします。

第五章

「価値、生む活用」と「SAP ERP」

「価値、生む活用」実現のために、ビジネスノウハウとＩＴの融合を

実現したい〝目的〟のためにプロセスを考える

ビジネスデザインの策定ステージにおいて、検討、計画された基幹業務システムに付与すべき要件は、システム導入ステージで、システムに設定し、反映することになります。

この第五章では、豊富な標準機能を持ち、簡単な機能設定で、システムが構築できる「ＳＡＰ ＥＲＰ」を、「価値、生む活用」のために十二分に活かしきるためには、どう扱えばいいのかについて紹介します。繰り返し述べているように、「ＳＡＰ ＥＲＰ」は、企業の経営管理を効果的、効率的に行うための〝道具〟に過ぎません。その道具を使うということは、実現したい〝目的〟があるはずです。端的にいえば、その目的は、経営効率の向上などによって自社の業績を伸ばし、さらには企業競争力を向上させることでしょう。

そのためにユーザ企業は、道具を購入する以前に、「どんな仕事の仕方（＝業務プロセス）を実現したいのか」を考えておく必要があります。

その際に求められるのは、「ビジネスのノウハウ」です。

例えば生産管理業務なら、最も効率的な生産計画の立案、タイムリーな資材調達計画の策定、製品品質の確保のための管理方法など、留意すべき重要ポイントを踏まえた上で、どのような業務プロセスを構築すればいいのかを「知っている」こと、あるいは「考えることができる」ことが重要です。こうしたノウハウがあって初めて、道具としての「SAP ERP」は、大きな効果を生み出すことができます。

また実際に「SAP ERP」を使う場面においては、道具である「SAP ERP」を十分に理解しておくことが重要です。どんな考え方に基づいてつくられている道具なのか、具体的にどんな機能を持ち、それがどんな処理を実現するのか、そしてどんな情報を提供してくれるのか、といった「IT（＝Information Technology：情報技術）」の視点から、「SAP ERP」を理解しておく必要があります。

この「ビジネスのノウハウ」と「IT」をうまく融合させることが、すなわち「SAP ERP」を有効活用し、情報システムの「価値、生む活用」の実現につなげる基本となります。

「オブジェクトの選択」と「パラメータの設定」だけで稼働する「SAP ERP」

第二章でも述べたように、「SAP ERP」を利用して構築する情報システムは「プログラミングが不要」で、機能項目である「オブジェクトを選択」し、処理内容を決定する変数である「パラメータを設定」するだけで、システムが「完璧に動く」のです。

これは「SAP ERP」が50年にわたる歴史の中で、数多くの顧客企業が展開するビジネスを理解し、膨大な数のビジネスモデルに対応してきた成果が盛り込まれているからです。そのためユーザ企業は「SAP ERP」を利用することで、往々にして、従来の発想では考えもつかなかった画期的な機能や考え方に〝出会う〟ことになります。そして、不合理な業務プロセスを排除し、合理的な業務プロセスを「オブジェクトの選択」と「パラメータの設定」だけで実現できる内部構造にすることで、ベストプラクティス（最適な実践方法）とシステム構築時の利便性を提供しています。これによって「SAP ERP」を操作しながら、「どんな業務プロセスを採用するか」と考え、「その業務プロセスを実際に組み立てていく」ことができるのです。

参考までに「SAP ERP」の生まれた欧州のドイツは、他国と地続きでつながっているという地理的特徴を持っており、国境をまたぐ取引がごく当たり前に行われています。そのため「SAP ERP」は、多種多様な業界や業態に対応しているだけでなく、各国の求めるビジネス要素も取り入れながら、通貨の制約もなく、数十ヵ国の言語にも対応しているのです。

“使う側”は「SAP ERP」を十分に理解する必要がある

ビジネスのノウハウとITの融合

それではなぜ、「オブジェクトの選択」と「パラメータの設定」だけで情報システムを構築できるという特長が、ビジネスのノウハウとITを融合することにつながるのでしょうか。実はこの答えは、すでに前段で述べています。改めて記すと、それは「オブジェクト選択とパラメータ設定という特長によって、『どんな業務プロセスを採用するか』を考えながら『その業務プロセスを組み立てていく』ことが可能だから」です。これはつまり、ITという道具を利用しながら、最適な業務プロセスを実現することができるということになります。これがまさしく、ビジネスのノウハウとITの融合にほかなりません。

しかしここで忘れてはならない重要なポイントがあります。言うまでもないことですが、それは「SAP ERP」を使う側が「ビジネスのノウハウ」を知っていること、また道具であるIT＝「SAP ERP」を十分に理解していること、です。「ビジネスのノウハウ」がなく、「SAP ERP」を使いこなすこともできなければ、最適な業務プロセスを実現することはできません。

このときに「ビジネスのノウハウ」はともかく、専門家でもないITの利用部門の人間が、IT＝「SAP ERP」を十分に理解することができるのだろうかという疑問を持たれると思いますが、少し努力すれば、これは手の届く位置にあります。

多くのソフトウエア製品がそうであったように、基幹業務システムもユーザが取り扱うことのできる領域に近づいてきています。乗用車も初期の時代には、故障が多く、メンテナンスも大変だったので、機械に強くなければ乗り回すことができませんでした。しかし昨今の乗用車は、機械に弱い人たちでも気軽に操作できるようになっています。パソコンもWindowsやMacintoshが普及するまでは、一般の人たちが使いこなすことは難しいものでした。「SAP ERP」の最新のモデル「SAP S／4HANA」は、その使いやすさが一段と向上した仕様になっています。

基幹業務システムも同様で、プログラム開発によって構築されていた時代には、さすがにユーザが関与できる隙はありませんでしたが、「SAP ERP」を利用したシステム構築では、「SAP ERP」を学習しながら導入プロジェクトを進めていくことで、ユーザ自らが持つ「ビジネスのノウハウ」を織り込みつつ、満足度の高いシステムを構築することができます。

こうしたことから考えると、「SAP ERP」を利用した情報システムを構築する際には、「ビジネスのノウハウ」を持った〝現場の人間〟が主役になって導入プロジェクトを進め、精度の高いシステムを実現すること、また本稼働後の「価値、生む活用」を実現するためには、システム完成時までに「SAP ERP」を十分に使いこなすことができるようになっておくことが重要だといえます。次ページの図5－1をご覧ください。

上側がシステムの世界で、下側がビジネスの世界です。ビジネスの世界をわかっている人が、上側のブロックを使って、下側にあるビジネスの世界に必要なものを組み立てる。これが一番ニーズに合ったシステムをつくり上げる近道です。

つまり、現場のユーザが「SAP ERP」を覚え、現場のユーザが「業務プロセス」を考え、現場のユーザが「システムに反映させていく」こと。これこそが、最も有効で、利用者の満足度が高いシステムを構築することにつながるということになります。

とはいえ、いきなり最初から現場のユーザが「SAP ERP」を使いこなすことはできません。最初の導入プロジェクトでは、システムコンサルタントと協同してシステム構築を進めることが必要です。これが私たちの「ユーザダイレクト方式」の基本です。

一方、従来の要件定義方式では、現状の業務プロセスをベースにして改善したい業務要

図5-1　業務の側から見たシステム設計のアプローチが有効

- オブジェクトの選択とパラメータ設定でシステム構築
- システム構築、その仕様変更、追加と削除は容易
- 比類のない多様なプロセスの構築に対応

〈システムの世界〉

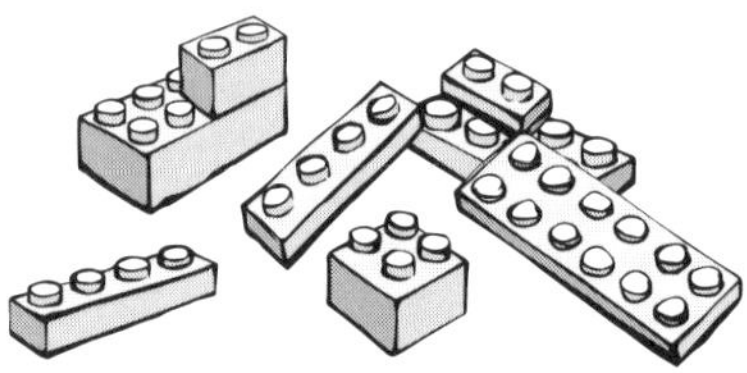

様々な機能を持った多種類のオブジェクト

オブジェクト選択
とパラメータ設定

〈ビジネスの世界〉

目的とする世界をつくり上げる

業務の側から見た
システムの設計のアプローチが有効

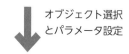

件を追加し、それをシステム要件として文書化し、さらにそれに基づいて開発作業に入っていくという進め方をします。これでは「ＳＡＰ ＥＲＰ」の包含する〝画期的なビジネスノウハウ〟を理解し、吸収するチャンスがありません。また、業務改革の課題を織り込む機会も特にはありませんので、注意が必要です。

この章の冒頭で簡単に紹介したように、ユーザダイレクト方式は、「『ビジネスのノウハウ』を織り込みながら『ＳＡＰ ＥＲＰ』を導入すること」、そして「導入後に、お客様が自分たちの道具として『ＳＡＰ ＥＲＰ』を使いこなすことができること」という、「価値、生む活用」のために必要な二つの要素を織り込んだ導入方式です。

繰り返しになりますが「ＳＡＰ ＥＲＰ」は、必要なオブジェクトを選択し、そのパラメータを設定していくことで、情報システムを構築できるという大きな特長を持っています。その特長を活かし、ユーザダイレクト方式ではまず、簡単な学習用のプロトモデル（試作品）を作って、現場のユーザに「ＳＡＰ ＥＲＰ」の基本を学習していただくことから始めます。そしてそのプロトモデルをベースにして、ユーザが「ＳＡＰ ＥＲＰ」の機能に触れながら、「ＳＡＰ ＥＲＰ」の使い方に理解を深めることを目指し、具体的なビジネスモデルや業務プロセスを徐々につくり込んでいきます。

図5-2 「ユーザダイレクト方式」では、繰り返し操作しながら、仕様をつくり込んでいく

業務担当者がプロトモデル（試作品）を使って、SAP ERPの標準機能を理解・検証し、業務プロセスの見直しや設定変更を行いながらシステムを構築していく方式。

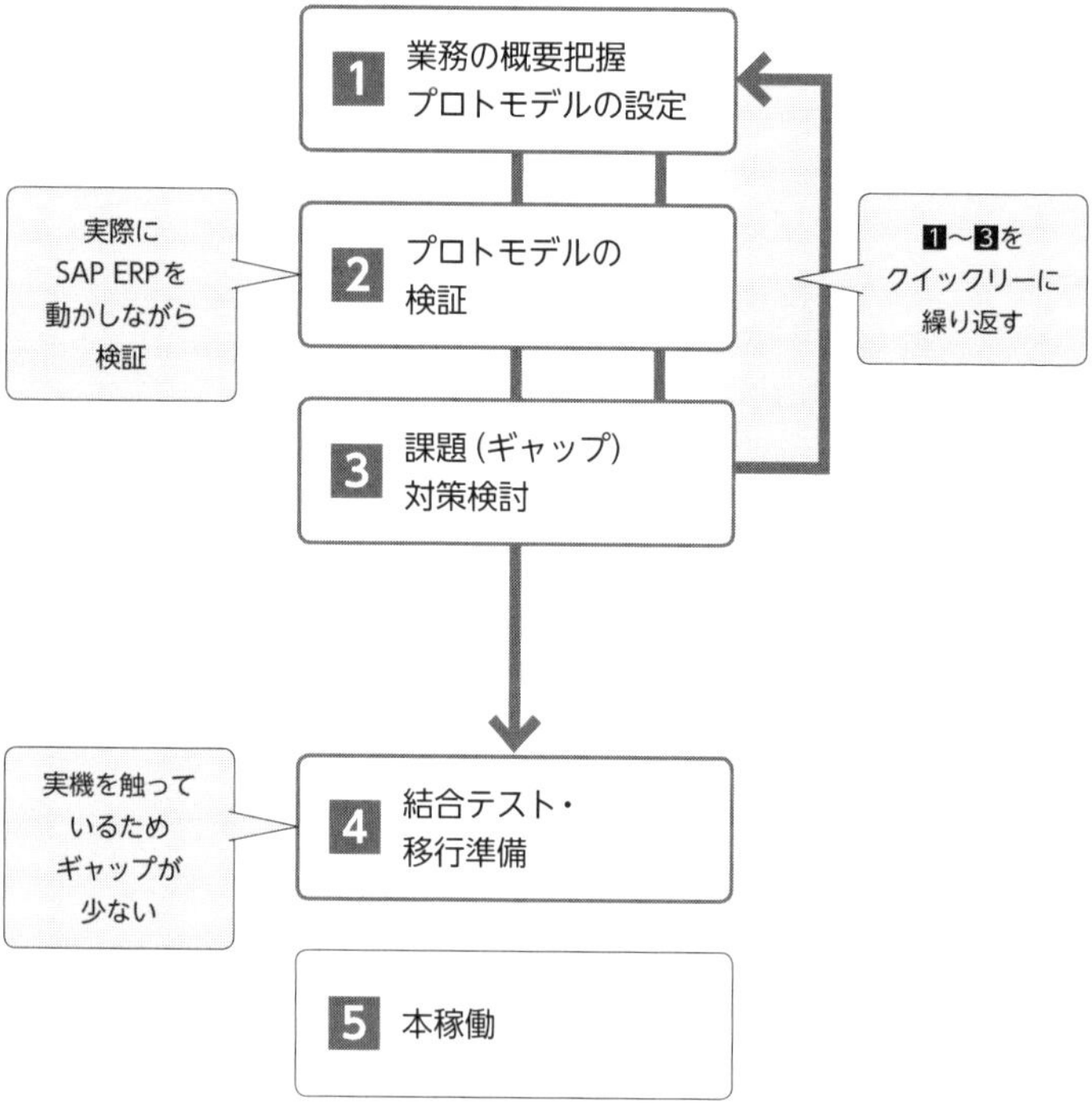

こうした方法を採ることで、ユーザ企業は次のようなメリットを得ることができます。

- **現場のユーザが「SAP ERP」を理解しながら業務要件を決めるので、「SAP ERP」に組み込まれているベストプラクティスや機能を活用することができる**
- **現場のユーザが業務改革の要件を検討しながらシステム仕様を決めるので、満足度の高いシステムを実現することができる**
- **現場のユーザとコンサルタントが直接やり取りするので、意思決定が早く、コミュニケーションロスも少ない**
- **繰り返し操作しながらシステムを検証するので、最終的なシステムの品質を確保できる**
- **現場のユーザは「SAP ERP」を取り扱うためのスキルを身につけることができる**

こうしたポイントからもわかるように、このユーザダイレクト方式こそ、ビジネスのノウハウとITの融合を実現する導入方式であり、ユーザ企業が「SAP ERP」の「価値、生む活用」を目指すには、最も有効な導入方式だと考えます。

「価値、生む活用」を実現する情報システムの姿とは?

次にもう少し具体的に、ビジネスのノウハウとITが融合している状態を、「システムの完成時」と「システムの本稼働時以降」に分けて考えてみます。

まずシステムの完成時に、ビジネスのノウハウとＩＴの融合が実現しているということですが、これは、次のようなことが達成されているということです。

- **「ビジネスのノウハウ」が織り込まれたシステムができていること**
- **「ビジネスのノウハウ」を持った現場のユーザがシステムを自在に活用できること**

またシステムの本稼働が始まって以降は、

- **大前提として、順調なシステム運用ができていること**
- **経営革新や業務改革が進んでおり、その目的のためにシステムが活用できていること**
- **組織内の風通しがよくなり、スピーディーで挑戦的な企業体質に変わりつつあること**

という各状態が達成されているということになります。

つまり「価値、生む活用」を実現できる情報システムとは、「最適な機能と信頼性を有し、現場のユーザが自信を持って利用できる状態が担保されており、経営改革や業務改革に活用でき、企業体質の強化にも貢献するもの」と整理することができます。

このあたりは、ＤＸが目指していることと基本的な狙いは同じ考え方であり、「価値、生む活用」を意識してＩＴを推進することで、ＤＸの目指す姿にもつながってきます。

「価値、生む活用」の鍵は、ユーザ企業自身が握っている

「価値、生む活用」を実現するための考え方と取り組み

再三述べていますように、情報システムは、あくまでも企業活動の目的を達成するための〝道具〟だということです。道具を使うユーザ企業の側に、使いこなすだけのノウハウやスキル、今後のビジョンといったものがなければ、その性能を100%引き出すことはできませんし、より〝戦略的な道具〟へと進化させていくこともできません。情報システムの「価値、生む活用」の成否の鍵は、ユーザ企業自身が握っているということです。

それでは実際に、情報システムの「価値、生む活用」を実現するためには、ユーザ企業には、どのような考え方や取り組みが求められるのでしょうか。情報システムの「価値、生む活用」を考える上で関係する人員や組織は、大きく三つに分けることができます。一つ目が、「CIO（最高情報統括役員）」、二つ目が情報システムを実際に利用する「ユーザ部門」、三つ目が、情報システムを運用する「情報システム部門」です。このほかに、企業戦略とシステムとの整合性を図る組織として「DX企画推進チーム」が挙げられますが、こ

こではその役割をＣＩＯがＤＸ企画推進チームとともに果たすべきものとして位置付けます。第七章において自社独自開発機能を持つための組織の在り方についてご紹介しますので、ここでの組織に関する事柄についてては簡潔な説明にさせていただきます。

【ＣＩＯ（およびＤＸ企画推進チーム）の役割】

ＣＩＯは、「データとデジタル技術の活用」、すなわちＤＸ推進に関する最高責任者です。具体的には「経営ビジョンの策定」「ビジネスデザインの計画」「基幹業務システムの刷新」など各種プロジェクトの統括管理や、ＤＸ企画推進チーム、および情報システム部などの管理を担当する最高責任者であり、システムの自社開発や運用管理ができる組織（自社開発ＳＥチーム）の設立なども担うことになります。

【ユーザ部門の役割】

ここでいう「ユーザ部門」とは、経理、営業、購買、生産管理、人事といった各業務部門です。これらユーザ部門の果たすべき役割としては、次のような点が挙げられます。

- **「システムの仕様とその運用方法」を決定すること**
- **「ＳＡＰ ＥＲＰ」を使いこなして、効率的に日常業務を推進すること**

・「SAP ERP」を活用して、業務改革を推し進めていくこと

「ユーザダイレクト方式」ではシステムの構築にあたって、各業務部門から代表者を選抜し、その代表者でプロジェクトチームを編成します。これらの代表者は「パワーユーザ」と呼び、各部門の中堅メンバーで、その分野のビジネスのノウハウを持った人たちです。

各パワーユーザは、経理、営業、購買、生産管理、人事など、自分の所属部門の機能実現を、他部門との連携も視野に入れながら進めることになります。情報システムの「価値、生む活用」は、パワーユーザが主導し、そのノウハウや知識を自部門の他メンバーに〝伝道〟していくことで、全社レベルで達成することができるといえます。

【情報システム部門の役割】

一つ目は、ハードウエアやネットワーク環境などシステムインフラの導入と運用管理です。そして二つ目が「SAP ERP」の導入から運用・活用までが適切に進められるようにマネジメントすることで、従来はなかった役割といえ、特に重要となるものです。また、第七章で詳しく説明いたしますが、DX政策を展開するには、ITベンダーへの依存は少なくして自社独自の開発体制を築きあげていくという政策を考慮する必要があります。今後その中心になるのが情報システム部と考えられます。改めてご説明いたします。

「価値、生む活用」が実現した状態とは……

「価値、生む活用」が実現した状態

「SAP ERP」を利用し、情報システムの「価値、生む活用」を実現するためには何が必要かという点についてお話ししてきましたが、改めて「価値、生む活用」が実現した状態について、簡単に整理しておきたいと思います。

まず「SAP ERP」を、「価値、生む活用」で利用している状態とは、

- **「SAP ERP」の各機能が、常に正しく、円滑に動いていること**
- **「SAP ERP」が、サプライチェーンや各業務の効率的な運営に寄与していること**
- **「SAP ERP」が経営改革や業務改革の中心的な推進機能として活用されていること**

であり、こうした状態を実現するための条件は、次のようになります。

- **「SAP ERP」の機能が正しく選択され、組み立てられ、活用されていること**

・パワーユーザが「ＳＡＰ ＥＲＰ」の設計思想や操作方法を熟知して、応用が利くこと
・「ＳＡＰ ＥＲＰ」を活用した経営管理が実現できていること

そして「価値、生む活用」が実現された結果、

・「経営効率や事業採算性が向上」すると同時に、
・「事業活動の透明性が高く、何事にも迅速で、挑戦的な企業体質への転換」が進むこと

が達成できるということです。

従来の「要件定義方式」と「テンプレート方式」の是非

情報システムの「価値、生む活用」は、ビジネスのノウハウとＩＴとを融合させることで実現することができます。

そしてこれを可能にするシステム導入方式が「ユーザダイレクト方式」ですが、ここでは今まで一般的に行われてきた導入方式の是非について、改めて考えてみましょう。

【要件定義方式】

まず、「要件定義方式」の問題点を整理してみます。

「要件定義方式」は「システム開発の初期段階で、必要な業務要件を細部にわたって洗い出して、それに基づいてシステム要件を定義、さらにそれを基にシステムの概要設計をし、詳細設計を経て、最後にプログラムを書き、繰り返しテストを行ってシステムを完成させる」という導入方法です。

具体的には、最初に業務要件を決めた後、各種の要件定義書に基づいて、大勢のシステムエンジニアとプログラマーのチームが業務を分担し、開発を進めます。個々の作業が終了した段階で、各チームの開発成果を結合し、テストを兼ねてユーザ企業にシステム仕様を確認してもらい、本稼働への移行準備を進める、という手順を踏みます。

この方式によるシステム導入は、絶対に後戻りをしないという意味で、「ウォーターフォール(=滝)型」の開発と呼ばれることもありますが、この方式の大きな問題点は、次の点に集約されます。

- **システム導入前の要件定義の作業が膨大である**
- **現場のユーザの意思をシステムに反映する機会が少ない**
- **現場のユーザが「SAP ERP」を理解しないまま、導入プロジェクトが進む**

この説明でお察しいただけるかと思いますが、要件定義方式は、大規模なシステム開発プロジェクトにおいて、手戻りを極力少なくし、確実にプロジェクトの進行を管理するという観点から見たときには、非常に有効に機能する導入方法だということができます。

【テンプレート方式】

「テンプレート」を直訳すると「雛形」といった意味になりますが、「テンプレート方式」とは、過去に「SAP ERP」を導入したユーザ企業のシステムを「雛形」にして、特殊な仕様を一般化し、不足する個所を追加する形でシステムを構築していく方法が一般的です。テンプレート方式を採用する主な目的は、システムの導入費用を安くすること、導入期間を短縮することですが、その他の狙いとして、ユーザの業務プロセスの理解を促進するために利用することもあります。

実際のシステム構築の進め方としては、まず、テンプレートの仕様をそのまま利用できるプロセスはどこか、また自社業務に適さないところはどこか、といった〝FIT&GAP〟分析を行います。

テンプレートとFITする部分については問題ないのですが、GAPが生じた部分については、「SAP ERP」のオブジェクトを選択し直したり、パラメータを設定し直したり、あるいはアドオンプログラム（追加プログラム）の開発をしたり、ということを行います。

さらに、それらの作業に伴う業務プロセス図や操作マニュアルなどの文書類を修正します。

問題は、「テンプレートをどれだけ活用できるのか」ということですが、残念ながら、非常に単純な業務プロセスの企業を除き、中堅企業以上の企業で、テンプレートの業務プロセスがそのまま適合する可能性はわずかしかありません。

ただし、業務プロセスを検討する際の参考とする場合や、多少のGAPの存在を許して活用する場合、あるいは標準的な業務プロセスを採用している小規模企業では、一つの選択肢として十分に利用価値がある方法だと考えられます。

道具として使いこなすためには〝運転免許証〟が要る

この章の冒頭で、「SAP ERP」を有効活用し、情報システムの「価値、生む活用」を実現するためには、ビジネスのノウハウとITをうまく融合させることが必要だと述べました。そしてそれを実現するのが、経営改革の課題を織り込みながら「SAP ERP」を導入し、導入後にお客様が自分たちの道具として「SAP ERP」を使いこなすことを可能にするソフテスの「ユーザダイレクト方式」だということもご紹介しました。

本章の最後に、この「『SAP ERP』を使いこなす」ということについて、もう少し突っ込んで考えてみます。

「『SAP ERP』を使いこなしている」状態とは、

- **現場のユーザが、必要な情報を情報システムから有効に参照できていること**
- **得られた情報によって、企業全体もしくは各業務の課題の有無が、確認できること**
- **得られた情報を、現状の改善や新たな施策の立案・実行に活用できること**

という各々の項目が達成できているということ、つまり「『SAP ERP』から得られた情報を読みこなして、新たなアクションに結びつけることができている状態」だということができます。

こうした状態は、単に「SAP ERP」を導入すれば即、達成できるというものではありません。「SAP ERP」を使う側に、得られた情報を読み取り、使いこなすだけの〝能力〟が求められることになります。これが第二章でお話ししました、「SAP ERP」を乗りこなすための〝運転免許証〟が必要になる、ということです。

「SAP ERP」を使う側は、そのモニター機能が提供してくれる情報の読み取り方や、

図5-3　SAP Digital Boardroom

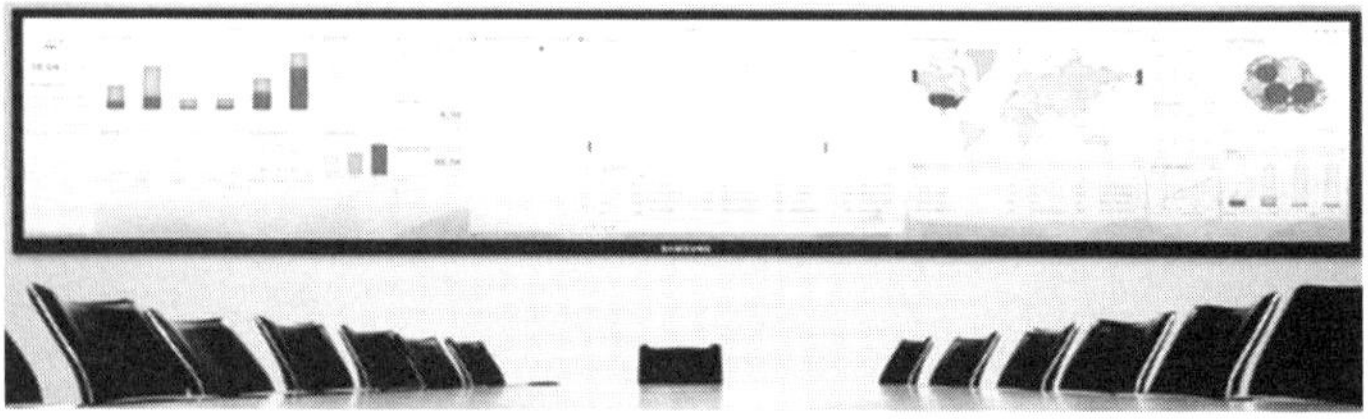

（出典：SAP社）

デジタルボードは、
その目的ごとにテンプレートとして
つくり込んでおきます。
例えば：

経営管理：　年度の事業計画の進捗状況
経済情報：　株価、為替、政治、海外情報
経営課題：　品質向上活動の経過、工場、開発など
ＸＸ事業部：年度事業進捗状況
OO事業部：年度事業進捗状況
工場部門：　工場ごとの稼働率、コスト、出勤率
営業部門：　受注、収益性、顧客開拓などの進捗
開発部門：　標準化の進捗、
人事関係：　出勤率、時間外勤務、採用・退職

それぞれの担当部門とも
同じ画面、情報を共有することができます。

読み取った情報を実際の企業活動にどのように反映していくか、ということを十分に理解しておく必要があります。

経営管理者、業務管理者、業務推進者といった「役割」の違いによって、モニター機能で見るべき情報は異なりますが、自分の日々の業務を遂行する上で、「どの情報を、どのタイミングで、どのように読み取るのか」、また「得られた情報を、実際の自分の活動にどのように結びつけていくのか」ということを、十分に知っておきたいものです。

「SAP ERP」を使いこなすためには、導入すると同時に、「SAP ERP」の〝運転免許証〟もあわせて取得することが、「価値、生む活用」の実現には必須となります。

Column

「マネジャー教育」

基幹業務システムを導入する際、それに関わるメンバーや実際にシステムを操作して業務に活用する人たちは、使う範囲で、システムの運用法をトレーニングされ、理解します。ただ、その他のメンバーは、どうしたら使えるのかを理解していないケースが少なくありません。しかしながら、ビジネスの中核を担う企業の役員や中間管理者には、基幹業務システムの使い方、特に、管理データの活用方法に理解を深めてもらう必要があります。

- **基幹業務システムの全体の構造、機能の理解**
- **自社のシステムに構築されている機能とその業務プロセス**
- **蓄積されるデータとその利用方法**

これらが基本的な事項ですが、問題はこの次です。どんな場合には、どの情報にアクセスして、どう判断し、どのようにアクションすれば良いのか。これを理解していなければなりません。

管理会計では、予算立案と進捗管理、原価管理とコスト削減対策方法、収益性管理の使い方など、販売管理では、受注出荷管理、顧客管理など、また、在庫購買管理、生産管理、人事給与管理といったそれぞれの分野において、データの見方、活用の仕方を理解する必要があります。

こうしたことが、DXの第一歩のような気がします。

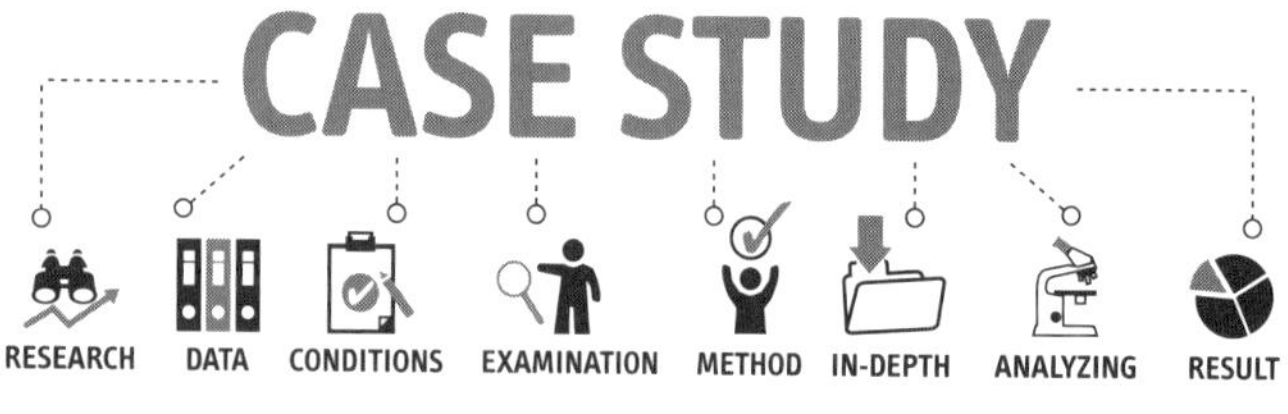

第六章

「価値、生む活用」へつながる、ユーザダイレクト方式とは？

「SAP ERP」導入プロジェクトに臨む基本スタンス

二つの要素を織り込んで考えていく

それではシステム導入プロジェクトの現場に目を向け、「ユーザダイレクト方式」によるシステム導入の実際について、ご紹介します。

前章でもご説明しましたが、ユーザダイレクト方式は、『『ビジネスのノウハウ』を織り込みながら『SAP ERP』を導入すること」、そして「導入後に、ユーザ企業が自分たちの道具として『SAP ERP』を使いこなすことができること」という、「価値、生む活用」のために必要な、二つの要素を織り込んだ導入方式です。

まず、この二つの要素を織り込むために、どんな方針で導入プロジェクトに臨むべきかをご紹介しておきます。

1．既存のシステム要件をベースにしない

「SAP ERP」を導入して基幹業務システムをつくり上げるということは、「SAP E

図6-1 「ユーザダイレクト方式」の基本

ユーザダイレクト方式

ユーザとコンサルタントが他を介さず
直接コンタクトしながら
システム要件を決めていく

満足度の高いシステム設計
業務改革の要件織り込み
効率的なプロジェクト推進

↓

高品質
高効率

RP」の持つベストプラクティスと豊富な機能を利用して、「シンプルで合理的な業務プロセスを実現し、それに適ったシステム仕様を構築する」ということです。さらにCIOの指導の下で、ビジネスデザインの策定ステージで検討し決定された方針や計画に則って、システムの構築を進めて行く必要があります。このときには、既存の業務プロセスやシステム要件にとらわれることなく、新たに最適なシステムを構築するという姿勢で臨むことが重要ですので、既存のシステム要件に拘束されないように配慮する必要があります。現状をベースに発想を積み上げていくことは、改良や改善には結びつきますが、現状を劇的に変える品質のシステムには到達できないと考えます。

なかにはシステムの再構築に際して、今までに自分たちが手塩にかけて育ててきた情報システムの説明をしたいという方もいますが、あるべき業務プロセスや、そのために求められるシステム仕様を考える上で、既存システムの要件をベースにしていては「SAP ERP」の「価値、生む活用」を実現することにはつながりません。重要なことは、導入プロジェクトに参加するメンバーが、全社レベルでの経営課題やビジネスデザインステージにおいて決められた方針や計画を共有し、理解して、課題解決のために最適な業務プロセスやシステム要件を求めていくことです。前章でご説明したように、「SAP ERP」はそれを可能にするだけの充実した機能と豊富な導入実績を持っています。これが、『ビジネスのノウハウ』を織り込みながら『SAP ERP』を導入すること」につながります。

こうしたことを実現するために実際のプロジェクトでは、プロジェクトのそれまでの過程で検討した結果を設定したプロトモデル(試作品)を、パワーユーザがいろいろな場面を想定しながら繰り返し操作し確認します。その際、設定されている仕様が意図するプロセスにフィットしていなかったり、類似する他の方法を実行できるように仕様を追加したりする必要性を認めた場合には、それに対応するプロセスを変更し追加します。それをさらに操作して確認し、納得がいくまでこれを繰り返します。こうした経過で構築されたシステムの仕様は、満足度が高く、動作の品質も最高のものができあがります。

2. パワーユーザに「SAP ERP」の設計思想や使い方を〝伝授する〟

導入プロジェクトを進めるにあたって、ユーザダイレクト方式では、CIOの下に各業務部門の〝中核メンバー〟であるパワーユーザを中心に、導入プロジェクトチームを編成します。業務部門には、経営企画、経理、営業、生産管理、人事などの組織が該当します。必要に応じて資材購買部門などを加えることもあります。

業務部門ごとにパワーユーザを任命し、導入プロジェクトチームを編成することとは、「導入後に、パワーユーザが自分たちの道具として『ＳＡＰ ＥＲＰ』を使いこなすことができること」という「価値、生む活用」のための二つ目の要素を実現するために必要なことです。

具体的には、パワーユーザが、学習用のプロトモデルに触れ、慣れることで、「ＳＡＰ ＥＲＰ」がどんな考え方でつくられている〝道具〟なのか、各種データはどのように制御されるのかを理解し、実際のオペレーション画面や操作方法はどうなっているか、といったことを体得し、「ＳＡＰ ＥＲＰ」を使いこなせるようにするためです。道具である「ＳＡＰ ＥＲＰ」を徹底的に〝知りつくす〟ことによって、パワーユーザは、必要最低限のスキルとして、日常のシステム利用を滞りなく進めることができるようになります。

また新たな業務要件が出てきた場合に、現行のシステムで対応可能かどうかを見極めたり、自分自身で必要な機能を追加したり、変更することができるようにもなります。

こうして「ＳＡＰ ＥＲＰ」活用のスキルを身につけたパワーユーザが、今度は自身が伝導者となって「ＳＡＰ ＥＲＰ」のノウハウを自部門に広めていくことで、「ＳＡＰ ＥＲＰ」の「価値、生む活用」は、全社レベルで達成できることになります。

3．再利用されないドキュメント類の作成に、ムダな時間やコストをかけない

導入プロジェクトを進めるにあたっては、要件定義書や経過報告書、進捗管理資料など

のドキュメント類（書類）を、極力、つくらないことも重要です。

　こうしたドキュメント類の作成コストは、費用の上ではかなり大きな割合を占めることになりますが、その半面、導入プロジェクトが終わってしまえば全くといっていいほど利用されないものがほとんどです。導入プロジェクトの作業から極力ムダを排除して効率を高め、その分、システムそのもののつくり込みや学習にエネルギーを集中するよう配慮することが必要です。そもそもドキュメント類というのは、お客様とＩＴベンダーとの間の確認事項を形に残しておく意味合いも大きいと思いますが、両者の間でスムーズなコミュニケーションがとれていれば、本来必要のないものです。

　またユーザダイレクト方式では、パワーユーザとコンサルタントがチームを組み、〝少数精鋭部隊〟としてプロジェクトを進めていきます。少人数のチーム編成にしてコミュニケーションをよくすることで、確認のためのドキュメント類を減らせるだけでなく、会議や打ち合わせの回数まで減らすことが可能となります。こうした体制を採ることが、効率的なシステム導入を実現し、さらにはスケジュールや当初予算の厳守にもつながっていくことになります。

　業務プロセス図や基本操作マニュアル、設定仕様書といった必要最小限のドキュメント類は、事前に準備される標準的な資料や雛形を活用するなどして省力化を図ります。

ユーザダイレクト方式は、「0次プロトモデル」の導入から始まる

「SAP ERP」の導入プロジェクトは、「0次プロトモデル」の導入からスタートします。この「0次プロトモデル」が、先にも少し触れた〝学習用のプロトモデル（試作品）〟に相当するものです。

0次プロトモデルは、「SAP ERP」の標準機能の財務会計（FI）／管理会計（CO）、販売管理（SD）、購買・在庫管理（MM）、生産計画・管理（PP）といった各基幹業務について、一般的な業務プロセスを設定したモデルです。より広い範囲の機能を導入する場合には、プロジェクト管理、顧客サービス、給与計算などの人事管理などを必要に応じて追加設定したモデルを採用します。

設定の内容は、極力単純化したものとし、「SAP ERP」の基本的な構造、機能から学習することができて、習得しやすいものにしています。

この0次プロトモデルを使ってパワーユーザが学ぶ内容は、「SAP ERP」へのログイン方法、ユーザの登録方法、ユーザメニューの設定方法、日常使用言語の選択方法のほ

か、実務的な内容として「SAP ERP」メニューの構成とその機能の理解、担当業務分野の標準的な伝票入力の操作方法、各マスタの機能の理解と登録方法、パラメータ設定の基礎的な事項などが含まれます。

それぞれの業務担当ごとに、例えば経理部門のパワーユーザであれば、各種の会計伝票の登録や勘定科目の登録・変更の方法を学習することになります。

0次プロトモデルでは、繰り返し伝票入力することを推奨しており、「SAP ERP」を〝体で覚える〟という効果を狙っています。

四つのステップで、システム導入を進める

各フェーズで実施すべきこととは?

ユーザダイレクト方式では、0次プロトモデルの作成からシステムの本稼働までの期間を、四つのフェーズに分け、各々、2ヵ月から3ヵ月をかけて、導入プロジェクトを進めていきます。

最初が「導入フェーズ」で、ここではパワーユーザの基礎トレーニングや、ビジネスデザインステージで検討されたシステム要件、主要課題の確認に重点を置きます。

具体的には、「SAP ERP」の仕組みと機能の学習、基本となる業務プロセスの検討、目指すべき業務プロセスとギャップを生じる重要課題の抽出などが、取り組み項目となります。

この導入フェーズの残り1ヵ月ぐらいのタイミングで、次のフェーズで使う1次プロトモデルをつくり上げます。

図6-2　ビジネスデザインから本稼働までのステップ

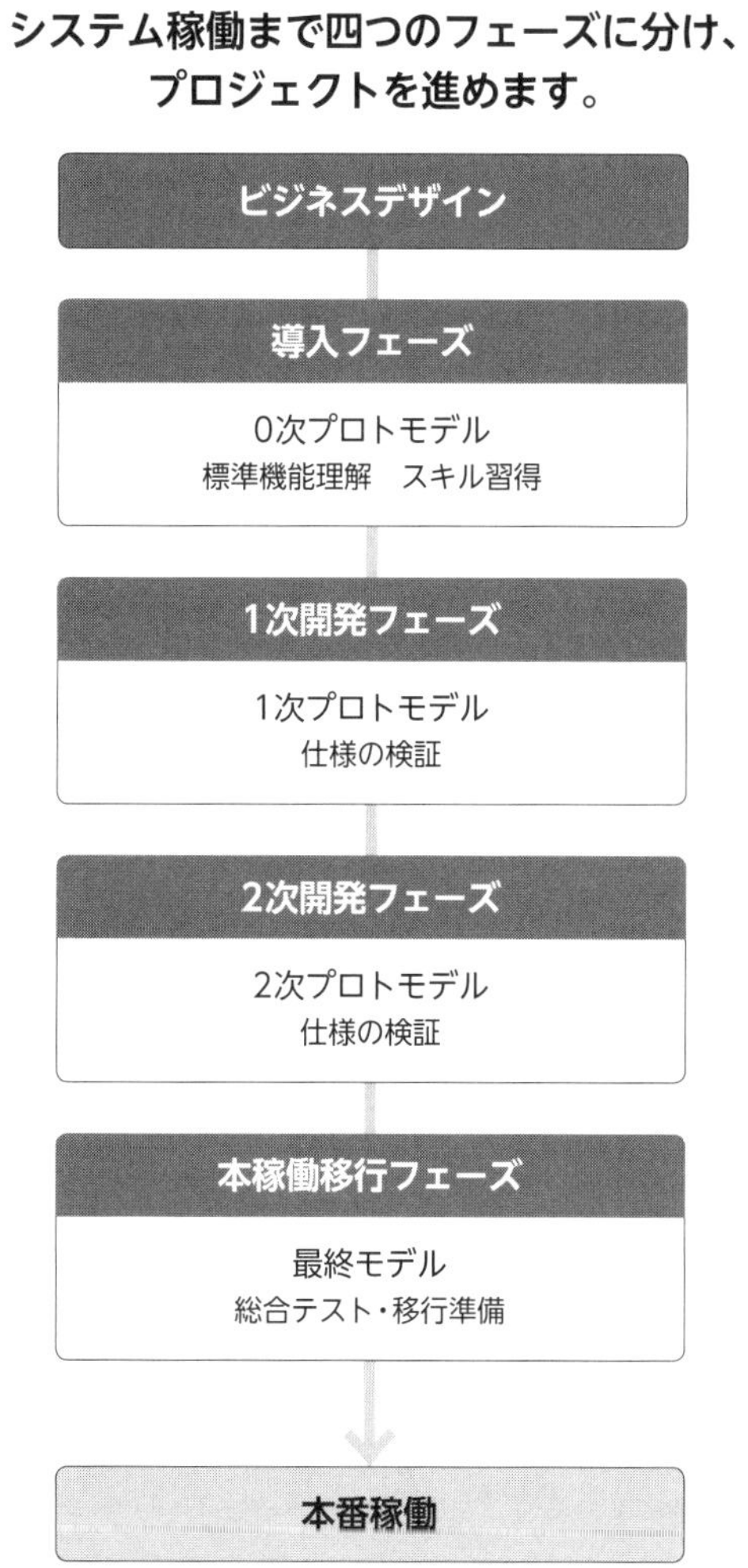

二つ目の「1次開発フェーズ」は、業務プロセスの基本形を決めるフェーズで、1次プロトモデルの機能検証を行いながら、業務プロセスを細部まで決定し、同時に標準機能で対応できない業務プロセスも抽出し、追加開発（アドオンプログラム）する機能を決定します。

具体的な取り組み項目としては、1次プロトモデルの操作を繰り返しながら、設定されている業務プロセスの問題点を洗い出し、その対策案の検討、導入フェーズで明らかにした重要課題への対応方針の決定、追加開発の仕様検討、などが挙げられます。

このフェーズの最後でも同様に、次のフェーズで利用する「2次プロトモデル」を設定します。

基幹業務システムの導入、刷新時の課題の一つに、システム仕様は標準的な業務プロセスを採用し、基幹業務システムの導入費用の低減と導入期間の短縮を実現するというテーマがあります。しかしながら、その条件に合わず、アドオンプログラムを開発し導入することが必要な場合にはどうするかということになります。その対策として、CIOを長とするBPR推進プロジェクトチームを設けて、アドオンプログラム導入の是非、システム構築する業務プロセスの在り方の決済を受けるようにします。これにより、現場任せであった、こうした課題をトップ自らが関与することを実現します（アドオンプログラムについては、本章第三項で、BPRについては、第七章で詳しく説明します）。

三つ目の「2次開発フェーズ」は、業務プロセスやシステムの仕様で積み残された課題を解決していく仕上げのフェーズで、2次プロトモデルの機能検証を行うと同時に、未確定の業務プロセスの決定、アドオンプログラムを実装しての機能検証、周辺システムの検討などを行います。その他の取り組み事項としては、マスタデータの整備や本番への移行のリハーサル、運用上の課題の検討などがあり、同様にフェーズの最後に、「最終モデル」の設定を実施します。

四つ目の「本稼働移行フェーズ」は、システムの本稼働に備えた各種の準備業務を行うフェーズで、最終モデルを検証しながら、統合テストやマスタデータの仕上げ、本番移行のリハーサルなどを実施。また、本稼働後の運用ルールの整備や利用者権限の設定、さらには操作マニュアルの整備やユーザトレーニングなども実施します。

ユーザダイレクト方式では、会計、販売、購買、生産などのフル機能を導入する場合、こうした四つの各ステップに、約2ヵ月から3ヵ月ずつ、合計で10ヵ月前後の期間をかけて本稼働を迎えることを標準的な進め方にしています。

ただ、システムを構築するだけなら、実は4ヵ月もあれば十分です（会計だけなど限られた機能のみを導入する場合なら最短2ヵ月）。

しかし、繰り返しお伝えしているように、システムは使う側が自由自在に使いこなすことができなければ、〝道具〟としての機能を果たしません。

ユーザダイレクト方式で導入プロジェクトを進める約10ヵ月前後の期間は、パワーユーザが「SAP ERP」の設計思想などを理解し、業務の進め方、管理の仕方を体得し、社内に普及させていくために必要な時間です。

この期間を通じて、パワーユーザは徹底的に「SAP ERP」と触れ合います。そして、これまで自部門の業務だけしか見ていなかったものが、事業全体を俯瞰して捉えて業務を展開し、事業全体、他部門の情報も参照しながら計画して管理するというように大きく変わっていくことになります。

また、それを全社に普及して、本稼働に備えることになりますが、前述したような期間を経ないで「SAP ERP」を稼働させることは、事業全体を連携させて推進することを理解しないままスタートすることにもなり、事業推進上、大きなリスクを伴うことになります。

例えば、新商品の発売が決まったら、開発部門は直ちにその商品を商品マスタに登録しなければなりません。

商品マスタがなければ、下流域の業務が行えないからです。このように、ある一部門の業務が、他の事業のすべての工程に影響を与える可能性を抱えていますので、各部門とも着実に仕事を進める必要があります。それさえ守ることができれば、事業は効率的に推進させることができます。

「SAP ERP」の本稼働前には、こうした感覚を全社に普及させておく必要があります。

お客様とソフテスは「共通の舞台」に

「SAP ERP」は、数多くのユーザ企業のベストプラクティスを包含し、画期的な機能を備えた超一流のERPパッケージですが、これまでメインフレームやオフコンによる個別の業務システムに慣れ親しんできたユーザは、「SAP ERP」の導入によって、かつて体験したことのない動作や操作方法に遭遇することになります。そのため、「SAP ERP」の設計思想や機能、操作方法などをITベンダーから十分に教えてもらわなければ、〝道具〟として使いこなすことはできません。

一方のITベンダーは、ユーザ企業の市場環境や経営課題、業界固有の事情、経営トッ

図6-3　パワーユーザとコンサルタントが情報を共有する

■ プロジェクト期間全体を通じて、互いの知識・ノウハウの共有化を図ることにより……

- 深い理解に基づく最適な業務プロセスデザインを実現します。
- お客様担当者が「SAP ERP」スキルを体得でき、自主運用が可能となります。

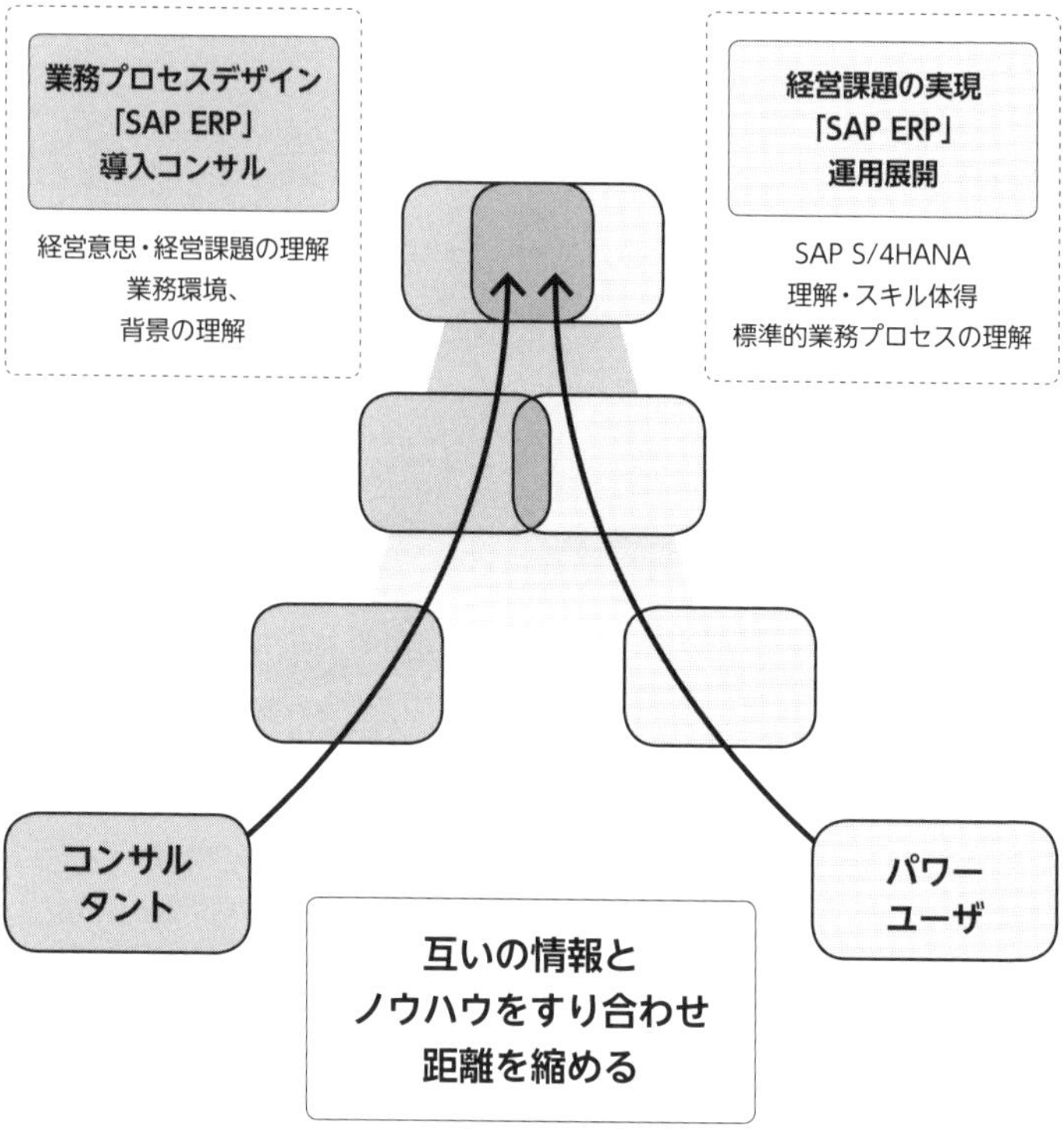

プの考え方、企業風土、組織構成などを十分に理解していなければ、「価値、生む活用」を実現する情報システムの提案など、できるはずもありません。

そこでユーザダイレクト方式では、10ヵ月前後の時間をかけ、四つのステップを踏みながら、お客様のパワーユーザとコンサルタントとが「共通の舞台」に立ち、双方の理解を深めていくことで（図6－3）、最適な業務プロセスと「価値、生む活用」のためのシステム導入を実現します。

「ウイークリー・ワークショップ」で、導入プロジェクトの実務を

ユーザダイレクト方式では、導入プロジェクトを進めるにあたって、毎週、ユーザ企業のオフィスでパワーユーザとコンサルタントが参加する「ウイークリー・ワークショップ」を開催します（コロナ禍での感染リスクが存在する現在は、リモートでワークショップを開催しています）。

ワークショップとは、直訳すれば〝研究集会〟や〝仕事場〟といった意味で、文字通り、ウイークリー・ワークショップでは、導入する業務機能の単位ごとにパワーユーザとコンサルタントがワーキングチームをつくり、各チームが集まって重要課題の検討や「ＳＡＰ

ERP」の操作方法の練習、あるいはプロトモデルの仕様検証などを行います。検討事項が多い場合には、週に2回あるいは3回、開催することもあります。

ウイークリー・ワークショップを通して、各パワーユーザは「SAP ERP」への理解を深めていき、それによって「SAP ERP」の特性を活かした情報システムの構築へとつながっていくことになります。

このウイークリー・ワークショップが、先にも触れた、パワーユーザとコンサルタントが継続的なコミュニケーションを行う「共通の舞台」ということになります。また、一つのワークショップが終わってから次のワークショップまでの間には、パワーユーザとコンサルタントの双方が〝宿題〟を持ち帰り、次回までに済ませておくという方法でプロジェクトの効率化を図っています。

例えば、パワーユーザの宿題としては、システムを検証して解決すべき業務課題を洗い出しておくことや、全社に関わる検討課題の社内調整、「SAP ERP」の操作方法を継続して練習することなどがあります。

一方、コンサルタント側の宿題としては、ワークショップで出てきた課題に対する解決方法の調査や検討、あるいは業務担当別のコンサルタント間で「SAP ERP」の仕様調整を行うことなどが挙げられます。

このようにパワーユーザとコンサルタントの双方が集まって検討すべき事項と、各々で持ち帰って検討すべき項目を切り分けて進めることで、導入プロジェクトの時間を効果的、効率的に使うことが可能となります。

ユーザダイレクト方式の全社的な推進体制

次に導入プロジェクトを進める上での推進体制についてですが、プロジェクトを進める上で中心となるのは、CIOと「業務分野ごとのチーム」です。

各チームは、部門の代表者である1~2名のパワーユーザに、コンサルタントが1~2名加わって構成します。チームは、経営企画、会計管理、販売管理、生産管理、人事管理、インフラ(システム基盤の構築担当)、プロジェクト事務局といった単位で設け、導入プロジェクトの目的や規模に応じて、別のチームを設けたり、あるいはチームを細かく分けたりもします。

このうちインフラチームは、他の業務分野ごとのチームとは異なり、サーバやクラウド環境の設置時期に集中してワークショップを開催するなど、システム導入のタイミングに合わせた活動となります。そのため、主な活動時期としては開発環境の設置時と、本番環

図6-4　システム導入プロジェクト推進体制

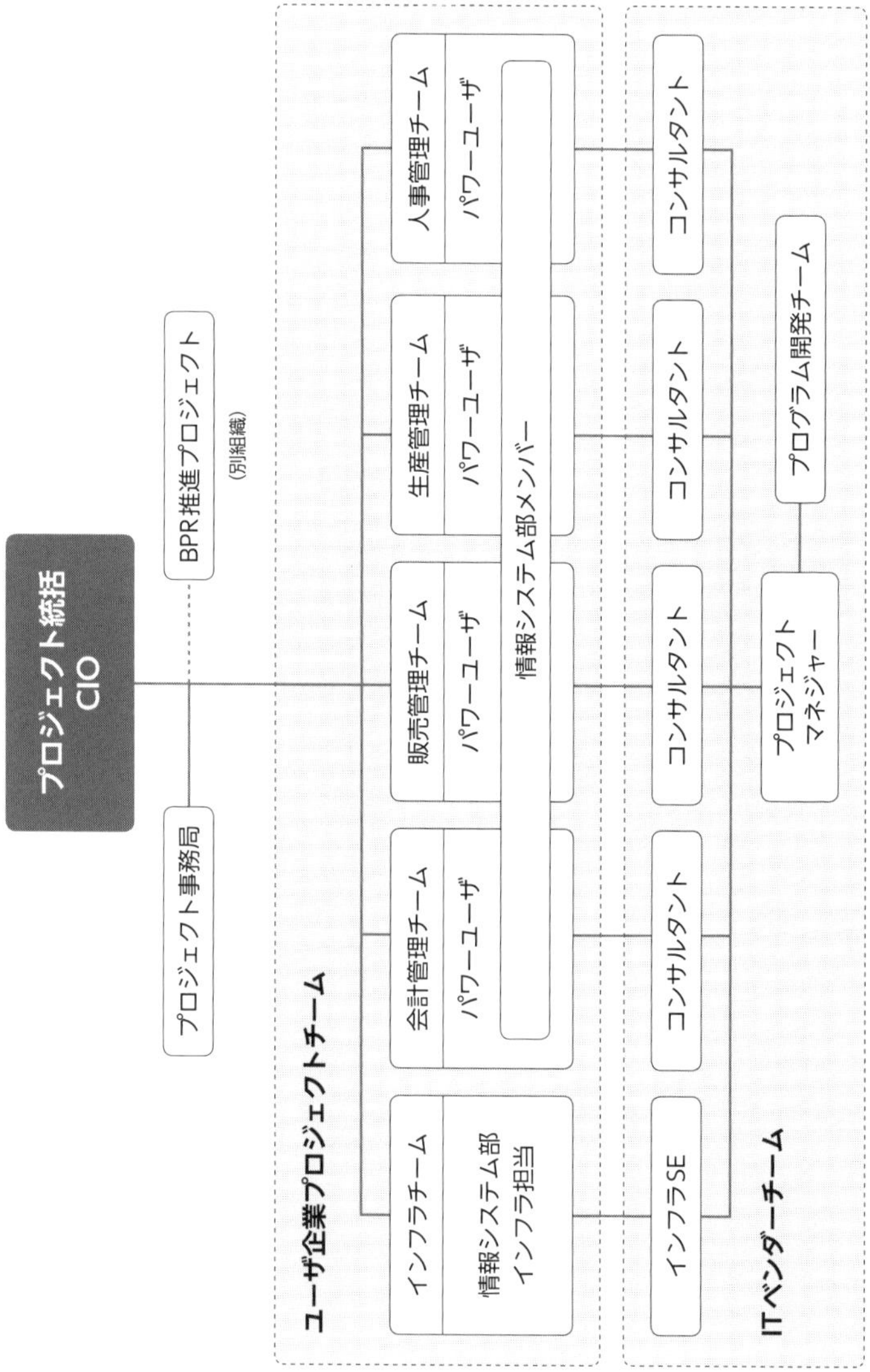

境を導入し、稼働準備をする本稼働移行時となります。また「プロジェクト事務局」は、ユーザ企業の推進責任者とITベンダーの渉外担当者で構成し、プロジェクト全体の進捗管理を行います。

このほか、アドオンプログラムや、「SAP ERP」の利便性を高めるWEBシステム、あるいは外部システムとの連携を実現するEDI（＝Electronic Data Interchange：電子データ交換）システムなどの開発を、インフラチームが担当します。そして実際のシステム環境を構築するという観点からの新規導入プロジェクトは、「SAP ERP」の各分野のコンサルタント、ABAP（SAP社で開発されたプログラミング言語）やWEBのプログラム開発チーム、インフラ担当のシステムエンジニアチームが一体となって推進します。

ユーザダイレクト方式で、パワーユーザスキルはどう変わるか？

次にご紹介する内容や図は、導入プロジェクトの進行とともに、「システムの完成度」や「SAP ERP」に関する「パワーユーザのスキル習熟度」が、どのように推移していくかを説明するものです。これは、「SAP ERP」の特長を活かしたユーザダイレクト方式による、パワーユーザのトレーニングや、繰り返し操作してつくり込むことによる成果を示すものでもあります。

【システムの完成度】

まず「導入フェーズ」で利用する0次プロトモデルは、まだ、お客様企業の業務プロセスを反映したものではありませんので、完成度は〝0〟ということになります。

次の「1次開発フェーズ」で利用する1次プロトモデルは、お客様の基本的な業務プロセスを満たすもので、システムとしての完成度は約50%、さらに「2次開発フェーズ」で利用する2次プロトモデルは、細部の業務プロセスまで反映したもので、完成度は約75%になります。

そして最終モデルから「本稼働移行フェーズ」を経た本稼働モデルで、システムの完成度は100%に達することになります。

【パワーユーザのスキル習熟度】

プロジェクトのスタート時は、当然パワーユーザのスキルは〝0〟ということになりますが、初めの「導入フェーズ」で「SAP ERP」の仕組みや機能についての基礎トレーニングを積むことで、「1次開発フェーズ」の開始時には、50%程度の習熟度を期待する

図6-5　フェーズごとのユーザスキルとシステムの完成度の進捗

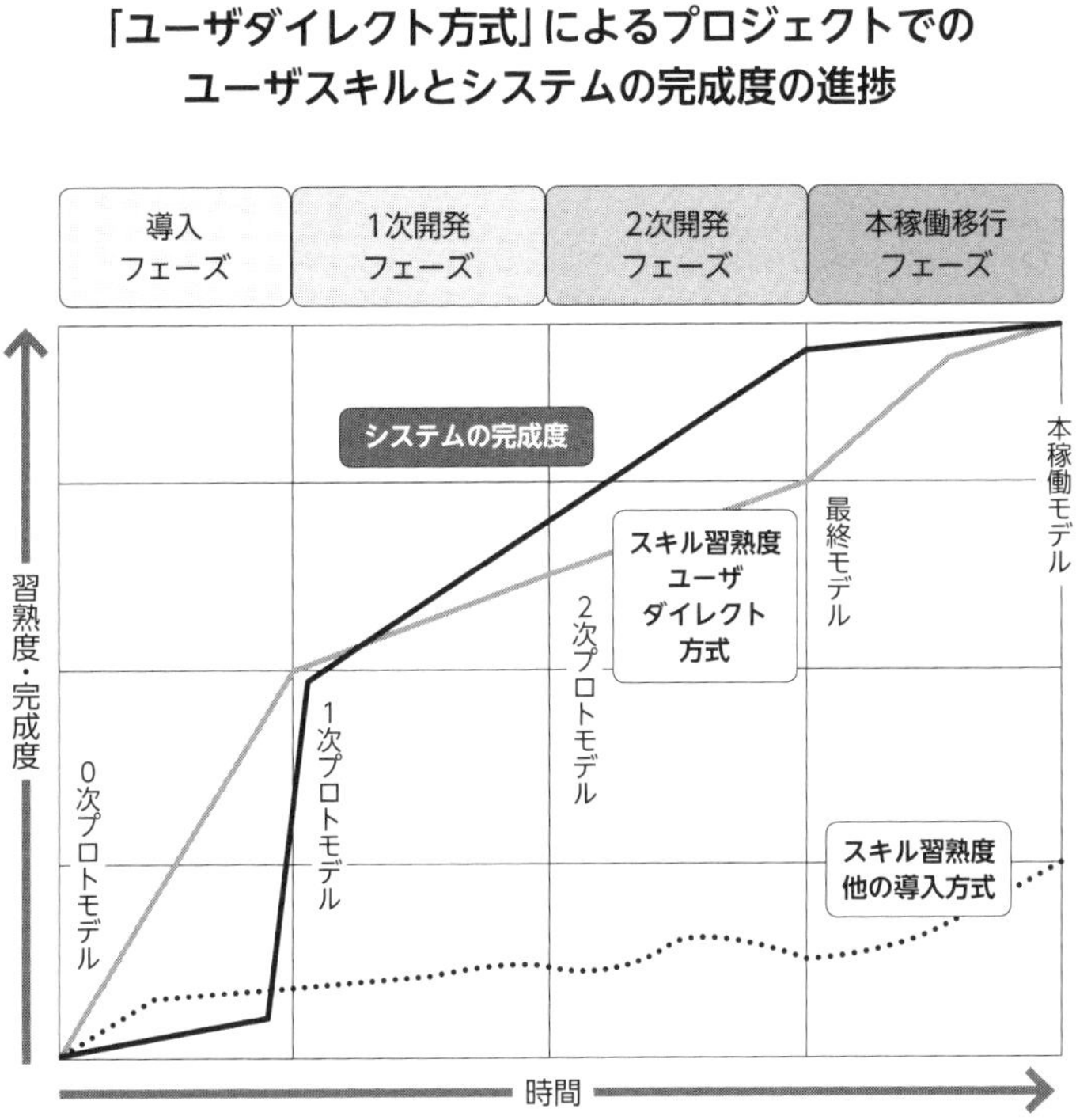

プロジェクトの進行に従って
システムは完成に近づいていきます。
それに伴って、ユーザのスキルも
システムの稼働時までに十分なレベルまで達します。

ことができます。

システムの完成度合いと同じく、パワーユーザのスキル習熟度もまた、各フェーズを経て本稼働に至るまでに、徐々に向上していく形になります。

特に最後の「本稼働移行フェーズ」では、自部門のメンバーへの教育などを通じて、習熟度はより一層上がることになります。

「システムの完成度」と「パワーユーザのスキル習熟度」は、図6－5のように推移するのが一般的ですが、どうしても個人差は出てきてしまいます。例えば、初期段階での習熟度が低く、プロジェクトの中盤や終盤にきて急激にスキルの習得が進む方も数多くいらっしゃいます。

いずれにしても、パワーユーザのスキルについては、本稼働後のシステム運営に支障をきたさないレベルに達するように、タイミングを見て〝集中講習〟を設けるなど、都度必要な対策を講じていく必要があります。

また図中には、一般的なシステム導入方式を採用した場合のスキル習熟度を点線で示してありますが、一般的なシステム導入方式において、ユーザには「SAP ERP」のスキルトランスファーをする、という意図がありません。従って、当然の結果としてユーザの方のスキルは基本的に上がることはありません。

その場合の対策として、プロジェクトの初期段階で、プロジェクトメンバーに、SAP社の提供するトレーニングコースを受講させることで、「SAP ERP」の基本的な機能や操作方法を習得させることになります。

しかしこうしたトレーニングで身につけることができるスキルは、あくまでも「SAP ERP」の機能的な面であり、実際の自社の業務プロセスを「SAP ERP」で実現する方法や、それに関わる「SAP ERP」の仕組みの応用、運用に関するスキルの習得は、十分に学習できないと考えます。

アドオンプログラムの活用とその功罪

情報システムの完成度を高める「アドオンプログラム」

この章の主題である「ユーザダイレクト方式」から少し離れますが、ここで「価値、生む活用」を実現する情報システムの完成度をより高めるための「アドオンプログラム（追加プログラム）」について、触れておきたいと思います。

前章で、「SAP ERP」を利用して構築する情報システムは、基本的にプログラミングが不要で、機能項目であるオブジェクトを選択し、処理内容を決定する変数であるパラメータを設定するだけでシステムが完璧に動く、ということをお話ししました。

しかし現実的には、いくら50年にわたってベストプラクティスを取り込んできた「SAP ERP」とはいえ、世界中の全企業に完全にフィットする機能を提供できるわけではありません。従って、ユーザ企業個々の事情に合わせた機能追加や機能補足を行う必要性は、どのプロジェクトにおいても、大なり小なり出てきます。

こうした機能の追加や補足を行うものがアドオンプログラムです。目的に応じていくつかのタイプに分類できますので、順番にご紹介していきましょう。

【アドオンプログラム三つのパターン】

「SAP ERP」の、〝標準機能では実現できない機能を追加するもの〟で、用途に応じて次の三つのパターンに分類することができます。

1．「SAP ERP」と他システム（レガシーシステム、EDIなど）とのインタフェース機能
2．データ登録やデータ修正、削除を簡単に行うためのツール機能
3．業務プロセスを補完するための機能
①日本固有（あるいは業界固有）の業務処理に対応するもの
②自社固有の業務処理に対応するもの

1については〝やむを得ないもの〟、2については〝あったほうがいいもの〟ということができます。また3の①については〝やむを得ないもの〟ですが、3の②については、できる限り〝ないほうがいいもの〟です。実は、この自社固有の業務処理に対応するアドオンプログラムが曲者で、件数も多く、費用がかさむものです。

こうしたアドオンプログラムは、ユーザ企業にとって〝かゆいところに手が届く〟ものではあるのですが、一方で、次のような〝頭痛の種〟を生み出すことも忘れてはなりません。

- **システムの導入費用がかさむ**
- **システムが〝つぎはぎ〟されることで仕様が複雑になり、全体像が把握しにくくなる**
- **「SAP ERP」のバージョンを上げるたびに修正が必要となり、その都度費用が発生する**
- **プログラムの品質によっては、システムトラブルやシステム全体のパフォーマンス（処理スピード）の低下を招く**

そして、標準機能ではできないと考えられることへの対策としては、次のことが挙げられます。

- **標準機能の活用の仕方を工夫して、他の標準機能の仕様で対処する**
- **BPR（業務改革）により、業務プロセスを「SAP ERP」の標準機能に合わせる**
- **パソコンなど、外部の手段で処理する**

・**その業務を廃止する**
・**アドオンプログラムを開発する**

※BPR（業務改革）については、第七章でご紹介します。

ここで優先させるべきは、あくまでも「SAP ERP」の標準機能です。品質の面でも、費用の面でも「SAP ERP」の標準機能を活用することがベストです。

アドオンプログラムを廃止して標準的な業務プロセスを優先し、プロジェクトのコスト低減とプロジェクト期間の短縮を期して、これに徹するというビジネスデザインステージでの方針に基づき、CIOの強い指導力が期待される場面です。

さて、アドオンプログラムで対処することは最後の手段となりますが、このほかにも右記のように、いろいろな対応方法があります。これについては、パワーユーザとコンサルタントが十分に議論、検討を重ねて、最適な手段を選択すべきです。

また検討を重ねた結果、アドオンプログラムで対処することになった事項でも、本稼働に大きな影響がないと考えられるプロセスについては、とりあえずアドオンプログラムなしで運用し、半年あるいは一年経って、やはり必要だと考えるなら開発する、という進め方をお勧めしています。

やはり、アドオンプログラムの開発は極力避けたほうがいいと考えます。これは、ITベンダーにとっては、〝売上獲得のためのいい手段〟という性質があり、また、スキルが未熟なシステムコンサルタントにとっては、「SAP ERP」の設定がよくわからない場合の〝都合のいい回避手段〟にもなります。こうした事情も加味して、アドオンプログラム開発には、事前の十分な検証が必要です。

【標準アドオンプログラム／標準アドオンソリューション】

「SAP ERP」に〝標準装備されていないが、どのユーザ企業でも必要とする機能〟のプログラムを「標準アドオンプログラム」「標準アドオンソリューション」と称して、あらかじめ製品化したアドオンプログラムもあります。

これは、過去の導入事例で必要とされた機能を基に、〝最大公約数的な機能〟を抽出して、あらかじめ製品化したもので、一種の「ベストプラクティス」を盛り込んで製品化されたもの」ということができ、機能的にも充実しており、また、その都度開発するよりも当然安価に入手できるものです。

【アドオンプログラム開発費の予算化】

アドオンプログラムの開発費は、一般的にどれくらいかかるのか、目安になるものがあれば、管理もしやすいと思いますが、これはユーザ企業の事業内容や業界の取引慣行などによって大きく変わってきますので、何とも言えません。ユーザが思うままに開発を進めていたら1億円、2億円と留まるところがありません。

プロジェクトによっては何千本ものアドオンプログラムの開発をしたと聞かされたこともありますが、そうしたケースでは、プログラム一本100万円とすれば、総額10億円ということになりますから驚きです。実際はもっと高額になるのでしょうが。

そうしたことも背景に考えると、プロジェクトの開始に先立って、「アドオンプログラムに投資する予算」をあらかじめ決定した上で、その範囲内に開発を抑えるようにすることが、最も有効な抑制策になります。

その予算は、経験豊かなコンサルタントであれば、おおよそ見積れるものと思います。

アドオンプログラムが、予想外に高額になってしまうもう一つの原因として、コンサルタントが、自らのスキル不足をアドオンプログラムの開発で補おうとするケースがありますが、これは、ベンダーの出来・不出来によるわけではなく、コンサルタント一人ひとりの問題であります。

周囲からの支援もなく単独でプロジェクトを進めている場合や開発の進捗、品質が悪い場合などには注意を要します。

こうしたケースに対しては、アドオンプログラムを開発しなれはならない理由を、一つ一つ確認することをお勧めします。

「SAP ERP」導入プロジェクトの目的は……

導入する目的を整理・理解する

それではここで、「SAP ERP」導入プロジェクトの目的を、改めて以下に整理しておきたいと思います。

【シンプルで合理的な業務プロセスを実現すること】

「SAP ERP」があくまで〝道具〟である以上、プロジェクトに参加するメンバーは、「SAP ERP」を何のために導入するのか、あるいは「SAP ERP」を導入することで、どんな経営課題を解決したいのかを十分に理解し、共有しておく必要があります。

それを踏まえた上で、実際のシステム仕様を決めていくことが、シンプルで合理的な業務プロセスを実現することにもつながっていきます。

その際には、この章の冒頭でもお話ししたように、既存の業務プロセスへの〝こだわり〟を捨て去る必要があります。ベストプラクティスの宝庫である「SAP ERP」を十二分に活用するためには、今までの仕方をベースにした発想では、どうしても限界があります。

また、アドオンプログラムをできるだけ少なくすることも、同じく「SAP ERP」の標準機能を最優先するという観点から、十分に留意すべきポイントです。

【パワーユーザに「SAP ERP」の活用スキルを伝授すること】

「SAP ERP」を「価値、生む活用」のために活かし切るには、経営改革の課題を織り込みながら「SAP ERP」を導入すると同時に、自分たちの道具として「SAP ERP」を使いこなすことができるようになることが必要です。

そのため、パワーユーザには、必要最低限のスキルとして日常的にシステムを使いこなし、運営を維持していくことが求められます。また「価値、生む活用」を実現するためには、新しい業務要件に対して、システム仕様をどう変更すればいいかを判断できるスキルも重要です。さらに自分自身で必要な機能を修正したり、追加したりできるようになれば完璧でしょう。

「ユーザダイレクト方式」では、こうしたスキルを、コンサルタントからパワーユーザへ伝授することも、大きなタスクの一つです。

【ムダのない効率的なシステム導入を実現すること】

これも章の冒頭で述べましたが、要件定義書や経過報告書、進捗管理資料など、再利用されないドキュメント類はつくらないという姿勢が重要です。こうした部分にかける時間や労力は、ムダなコストとして跳ね返ってきます。業務プロセス図や基本操作マニュアル、設定仕様書といった必要最小限のドキュメント類は、事前に準備した標準的な資料や雛形を活用します。

また「ユーザダイレクト方式」では、業務分野ごとに少人数のチーム編成を採ることで、お互いのコミュニケーションをスムーズにし、会議や打ち合わせの回数を減らしています。

さらにプロジェクトを〝オフサイト〟で進めることで、相互の拘束時間を減らし、各々が効率的に活動することを実現しています。

【パワーユーザの積極的な取り組みも、プロジェクト成功の重要な条件】

導入プロジェクトを成功に導くためのもう一つの重要な条件が、「パワーユーザの前向きな取り組み姿勢」です。

導入プロジェクトに消極的、あるいは否定的なパワーユーザ（そもそもこの場合、パワーユーザという表現は正しくありませんが）でプロジェクトチームを構成した場合には、プロジェクトの出発点から非常に大きなリスクを抱えていることになります。このリスクは、コンサルタント側ではコントロールできないので、場合によっては非常に厄介な状況に陥ります。

これまでの経験によれば、消極的、あるいは否定的なパワーユーザの代表的な例としては、第一に、今まで自分たちが構築し、使ってきたシステムへのこだわりが強くて、「SAP ERP」を受け入れようとしないケース、第二に、システムそのものについてのこだわりはないものの、業務の仕方を変えるということ、あるいは変わるということに意欲的ではないケースが挙げられます。

実はこれまでの経験上、「SAP ERP」の導入プロジェクトにおいて、パワーユーザの取り組み姿勢以外で、リスクになったケースはありません。言い換えるならば、「導入プロジェクトのリスクは、パワーユーザの取り組み姿勢に尽きる！」ということです。

これは、要件定義方式など他の導入方法を採用した場合でも、共通していえることであり、プロジェクトの中心的役割を果たすメンバーの姿勢は、プロジェクトの成否を握る大きな〝キー〟であると考えます。

また、「自社の社員では、能力的に無理だ」「人材がいない」と、社員のスキル習得や、パワーユーザとして役割を果たさせることに否定的なケースも多々あります。

確かに企業規模が小さいほど人数の絶対値も小さく、人的な余裕も少なくなります。こうしたケースにおいては、パワーユーザの人数、役割、経験に応じた課題に対処する配慮が必要です。

最近の例ですが、小規模な商社に会計管理、販売管理、購買管理からなる機能を「SAP ERP」によって導入しましたが、パワーユーザは2名だけだったにもかかわらず、見事に導入に成功したケースがあります。しかも、そのパワーユーザは、2人とも60歳を過ぎており、特別な能力や経験を持っているわけでもなく、小規模な企業で実直に仕事をしてきた方々です。

プロジェクトを進めるに当たって、コンサルタントは二の足を踏みましたが、果たして、2人の前向きな取り組み姿勢によって、全く問題なく、スケジュール通りに本稼働を迎えることができました。その後も、システムは順調に運用されています。

こうしたパワーユーザの前向きな取り組み姿勢もまた、「SAP ERP」の導入プロジェクトを成功に導くための非常に重要な条件です。

Column

「常に何が正しいか追及し続けた結果」

我々は、システムの素人が集まって事業をスタートさせ、世間に通用するのか？ 自分たちができることは、どんなことだろうか？ どうせやるなら本当に正しいことを追求しよう、それが間違っていなければ、力になるはず。24年間継続して成長を続けていることからいって、正しいことをしてきたのかな？ と考えています。

その結論が、「ユーザダイレクト方式」です。

業界の慣習や常識にとらわれず、「本当は何が正しいかを自問しながら、物事の本質を捉えること」、これが、組織に根付く精神です。そして業務に焦点をあてて、システムを考える、これこそが「ユーザダイレクト方式」を支える根本的なものの一つです。

対価は、約束した額以上にはいただかない。その上で必ず本稼働させる、その約束は破ったことはない。それがプロフェッショナルの証ではないだろうか……。

こうした思いが、我々がビジネスを続けられ、常に精神的な支柱として存在する「やりがい」になっています。

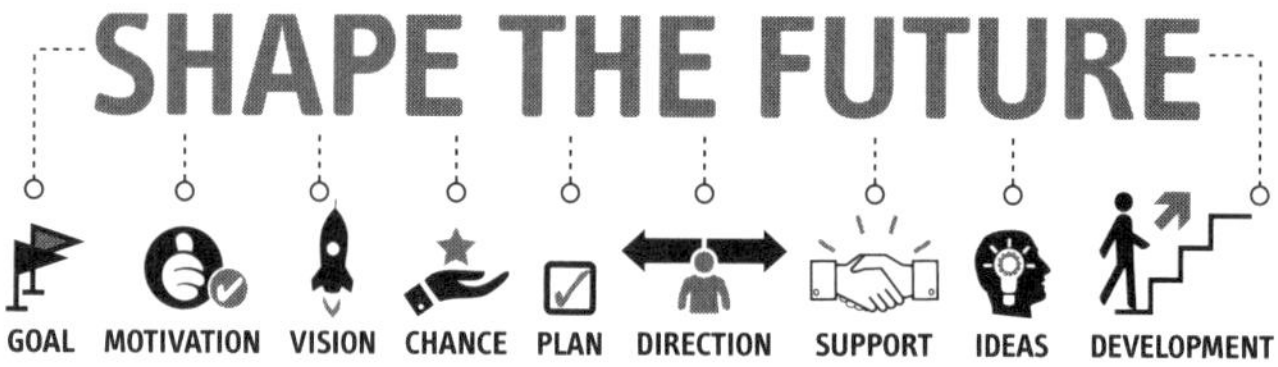

第七章

「価値、生む活用」の実現を目指して

「価値、生む活用」とＤＸ

ＤＸの推進は「価値、生む活用」の実現を目指すことにほかならない

２０２０年12月、経済産業省が日本企業のＤＸを加速するために、企業の取るべきアクションと政府の対応策の検討を行い、その中間報告書として「ＤＸレポート２（中間取りまとめ）」を公表しました。

そのサマリー版の中に「企業のアクションと政策」と題されたページがあり、超短期・短期・中長期の期間ごとに企業が取るべきアクションと政策が記されています。例えばＤＸのファーストステップとして、「超短期（直ちに）」に企業が目指すべき方向性とアクションとして、次のように記されています。

〈直ちに（超短期）～コロナ禍の事業継続を通じたＤＸのファーストステップ～〉

【製品・サービス活用による事業継続・ＤＸのファーストステップ】

・事業継続を可能とする最も迅速な対処策として市販製品・サービスを導入（業務のオン

ライン化、業務プロセスのデジタル化、顧客設定のデジタル化、従業員の安全・健康管理のデジタル化）

・製品導入の成功を、「経営トップのリーダーシップによる企業文化を変革する小さな成功体験」とし、変化を受容し歓迎する組織文化への転換の起点とする

（※「DXレポート2 中間取りまとめ（サマリー）」より抜粋）

このDXレポート2では企業の取るべきアクションと政策について段階的に記されているため、自身の会社が現在どの段階にあるのかを客観的に把握することもできます。

第一章でも述べましたが、DXとは「データとデジタル技術を活用」することです。ここでいう活用とは、単にデータとデジタル技術を使っているということではなく、それらによって企業活動における成果が得られている状態を指しており、さらにはデータとデジタル技術を活用することで、競争上の優位が確立されることを目指すものとしています。

一方、本書でいう「価値、生む活用」とは、ITとビジネスノウハウを融合させ、基幹業務システムとして「SAP ERP」を有効活用することによって経営効率や事業採算性を向上させ、さらには事業活動の透明性が高く、何事にも迅速で、かつ挑戦的な企業体質への転換が進んでいる状態を意味します。

つまりDXと「価値、生む活用」は、最終的には目指すところが同じであり、両者の考え方を突き詰めれば、システムが有効に活用されていること・役に立っていることが目標かつ基本となります。参考までに「DXレポート2」では、「まずは簡単なできることから着手しよう」「市販製品やサービスを導入しよう」としています。この点も期せずして「価値、生む活用」と同じようです。

「価値、生む活用」を実現するための三つのステップ

「価値、生む活用」を実現するためには、次のように三つのステップが必要になります。

一つ目は、ERPパッケージなどの製品・サービスに対して「ネガティブ要因がないこと」です。具体的には、システムの十分な機能・システムの信頼性・ユーザのスキル等に対して必要な条件が揃っていることを指します。

二つ目は、前述の製品・サービス（ERPパッケージなど）が「サプライチェーンの運営やその他業務の効率的な運営に寄与していること」です。つまり、製品・サービスが「事業の運営や実行を効率的に行うことに役に立っている」ということ。このステップまで到達していれば、「価値、生む活用」はほぼ実現できているといってもいいでしょう。

三つ目は、製品・サービスが「経営改革や業務改革の中心的な推進機能として、活用されていること」です。これを現実のものとするためには、前述の二つのステップがきちんとクリアされていなければなりません。

以上のステップを踏んだ上で製品・サービスを利用することによって、「価値、生む活用」は実現されます。また本書では、経営ビジョンの策定・ビジネスデザインの計画・ユーザダイレクト方式によるシステム導入というステップを踏んで、「価値、生む活用」の実現を提案しています。「価値、生む活用」を実現するためのステップを確認した上で、本書を読み直していただければ、また違った視点で考えることができるかもしれません。

「価値、生む活用」の拠り所となるのが経営ビジョン

本書では、主に第三章と第四章でDXの推進に必要な取り組みについて記してきました。その内容を簡単におさらいしてみます。

まず第三章では、アポロ計画を例に取り、「経営目標」と「経営ビジョン」について述べました。〝得たい成果〟である経営目標と、それを実現するための〝方法〟である経営ビジョンがあり、経営改革を成功させるためには、経営者が経営ビジョンを全社に示す必要があ

るということです。DXへの取り組みでは、やはり経営ビジョンが重要な鍵を握っています。その出来栄えが、DXの成否を決めるといってもいいでしょう。

次に第四章では、経営ビジョンを実現するための具体的な行動計画である「ビジネスデザイン」について述べました。ビジネスデザインでは、経営管理におけるシステムの効果的な活用だけでなく、システム以外のこと（人材配置や実行するための仕組みなど）も綿密に計画し、システムと実業務を連携させることが求められます。これらのことを踏まえた上で、DXへの第一歩としては、新規事業への挑戦よりも、まずは既存事業の改革・強化がリスクも少なく取り組みやすいと結論付けました。その上で実際のターゲットとしてどの選択肢を選ぶのか、やはり身の丈に合ったすぐに着手できる既存事業の強化なのか、あるいは顧客ニーズへ対応して顧客サービスの向上を目指すのか。その時に自社の置かれている状況や取り組み課題の優先順位を考慮して実行されることになります。

参考までに一般社団法人日本情報システム・ユーザ協会（JUAS）による「企業IT動向調査報告書2019」では、「IT投資で解決したい中期的な経営課題」（図7－1）として、多くの企業は新規事業を開拓するよりも、業務プロセスの効率化や迅速な業務把握、情報把握などの既存事業の改革・強化を求めている、という結果が出ています。新規事業への挑戦よりもハードルが低く、ゼロから一を生み出すよりも、今まで自分たちが行っていた企業活動を基に行動を起こすことのほうが、現実味があります。

　また既存事業強化以外のテーマで、「データとデジタル技術を活用」するには高いハードルが存在しますが、いずれにしてもその第一歩となるのは、基幹業務システムに蓄えられているデータを経営管理に効果的に使うことです。

　社内にどんなデータがあり、経営管理上、それをどう使えるかを検討し、さらにデータを使える形に加工して、日々活用していくという手順を踏むことが先決です。

図7-1　IT投資で解決したい中期的な経営課題

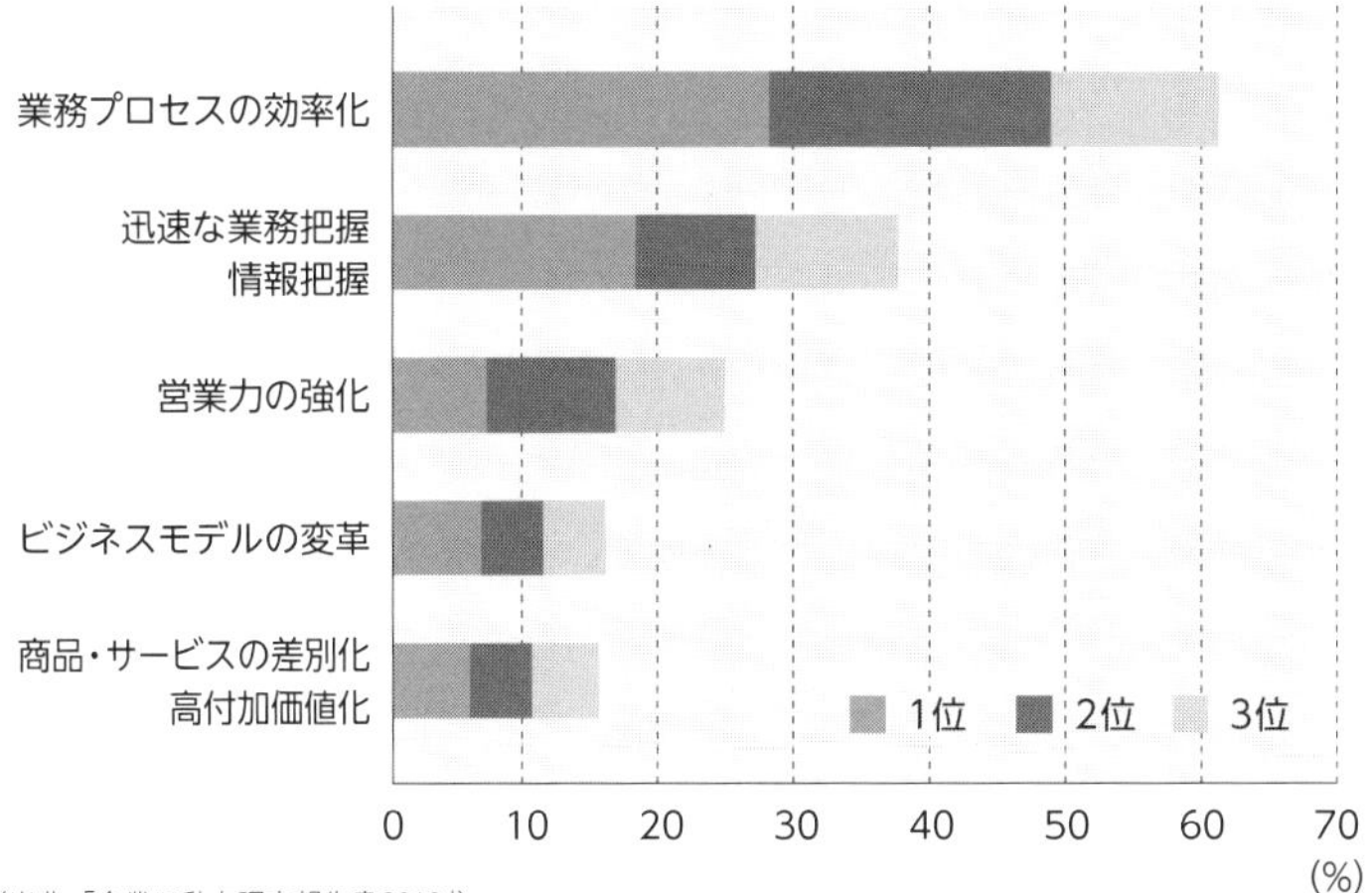

（出典：「企業IT動向調査報告書2019」）

「価値、生む活用」で求められる、経営管理の在り方とは？

まさに、「データとデジタル技術を活用」する

1．経営ダッシュボードによるＫＰＩの管理

事業の進捗管理を日常的に行うためには、経営ダッシュボードとして視覚的に事業の進捗状況を把握できるＩＴツールを活用することが効果的です。

例えば、ＳＡＰ周辺ソリューションである分析ソリューション「SAP Analytics Cloud」や、スマートフォンやタブレット端末からでも利用できる「ＳＡＰ Ｆｉｏｒｉ」が用意されています。いずれも、システム上の各種データを、棒グラフなどの一般的なグラフに加えて、データを地図上へ表示するなど様々なレポート機能を備えております。これらの活用により事業部門ごと、工場ごとにリアルタイムで、それぞれの進捗状況を把握できます。それだけでなく、そうした画面を関係部門と共有することで、検討議論の展開にも容易に活用できます。

特に「ＳＡＰ Ｆｉｏｒｉ」は、ＳＡＰより提供されるＷＥＢベースの新しいユーザイン

図7-2 「SAP Fiori」で操作画面上に表示されるタイル

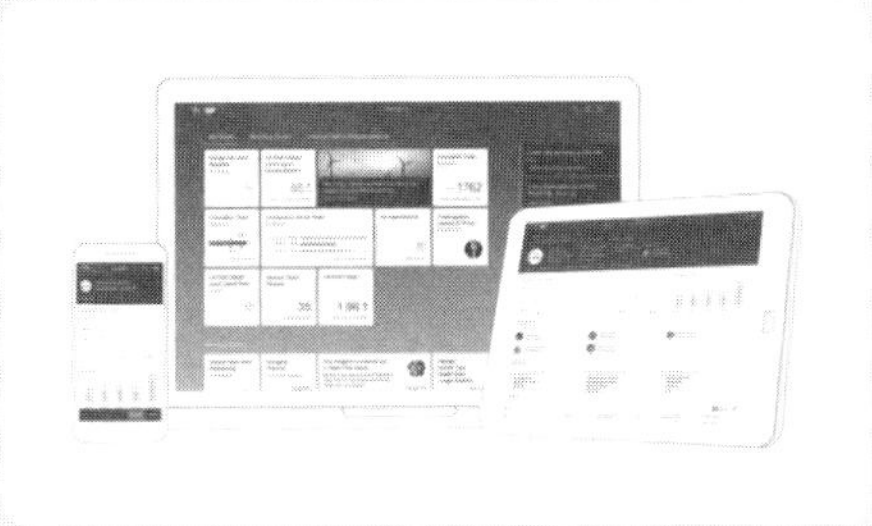

（出典：SAP社）

タイルは四つの種類のものがあります。

- 業務処理待ちの業務を示すタイル
- 情報、データを検索、表示するタイル
- KPI（重要業務評価指標）を表すタイル
- データを分析し、グラフなどで表示するタイル

「SAP Fiori」により「SAP S/4HANA」は、
随分使いやすくなりました。

タフェース（操作画面）で、図7－2のように PC画面上の複数のタイルに各々異なった情報を表示させることができます。その種類は四つあり、業務処理、データ検索、KPIなどの評価分析、それに情報の分析表示というそれぞれ役割をもつタイルがあります。その中でKPIは、経営管理上重要な評価指標を表示するもので、例としては、会計系では売上高・経常利益率・標準原価・キャッシュフローなど、販売生産系では納期遵守率・不良率・生産リードタイム・棚卸資産・在庫回転率など、人事系では従業員数・欠勤率・時間外勤務時間など標準で用意されているものだけでも約1400種類のものが用意されています。また、KPIに限らず、自身が関心を持つ情報を「SAP Fiori」独自に設

図7-3 「SAP Analytics Cloud」のダッシュボード画面

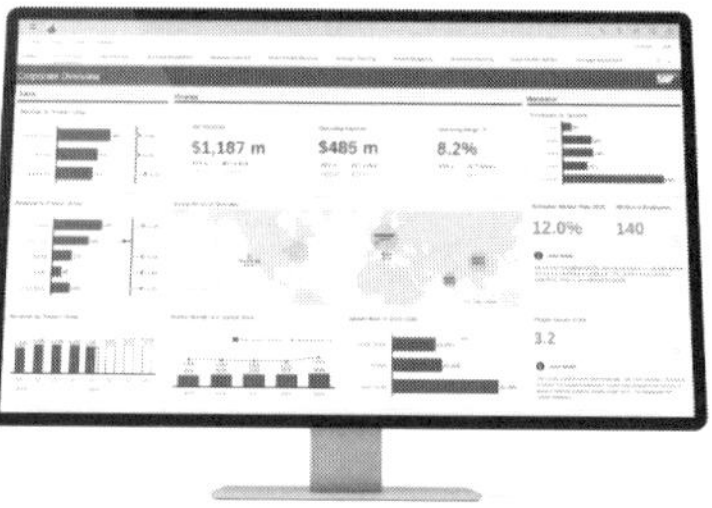

（出典：SAPジャパン）

経営管理を支援するダッシュボードです。
常時身近なところに設置し、参照することで、
事業活動の全体像が、
リアルタイムに確認できます。

定しておくことで、いつでもその情報を参照することができます。

経営トップが随時そうした情報を参照することで、より早く事業の進捗を知ることが可能ですし、中間管理者にとっては、それによって気を抜けないことになり、使いようによっては適度な緊張感を生じさせることもできます。

2. 経営会議は、実績報告から未来の対策、戦略議論の場へ

一般的に会議は、現状報告、経過報告が中心になりがちで、企画部門、管理部門は各種の資料、データベースなどから悪戦苦闘して報告資料を作成し、会議の場では、部門長が報告するという場面が思い浮かびます。しかし「ＳＡＰ Ｆｉｏｒｉ」や「SAP Analytics Cloud」を利用すれば、各事業の実績情報は、リアルタイムで把握でき、経営トップがその情報を参照しておけば、事業の経過は、会議までに把握できてしまいます。経営会議でも過去のデータの説明の必要がなくなり、その分、課題の対策や新たな課題についての検討など、未来の施策についての建設的な議論の展開に割り当てることができるようになります。こうした場を日常的に設けることで、未来の姿について考えることの価値観の醸成も期待できるのではないでしょうか。情報、データの活用についてのスキルも高くなってくることで、ＤＸの促進につながってくるものと考えます。

基幹業務システムのプロセス標準化のためにＢＰＲ（業務改革）を推進する

１．システム・取引慣行（企業文化）の刷新

「ＤＸレポート」では、日本企業ではレガシーシステムの刷新が進まず、複雑化、ブラックボックス化に陥っている、とされています。その原因の一つが、日本においては基幹業務システムの導入・刷新に多大な費用と長い時間を要することです。これは、システムが過剰にカスタマイズされていることによります。そのため、システムの刷新に当たっては、必要な費用の低減とそれに要する時間の短縮化を図る必要があります。

基幹業務システムが複雑化・ブラックボックス化している原因の多くが、顧客との古くからの取引関係の中で、顧客ごとに様々な条件付きの業務プロセスが存続していることによります。例えば、出荷業務なら、販売ロットや出荷時刻、運送業者や荷姿、注文出荷の時期による値引きや取引量の多少によるマージンの算出基準など、様々な条件が要求されます。これに応じてシステム要件は複雑になり、多数のアドオンプログラムを必要とすることになるのです。また、これに加えて、日本の各業界独特の商習慣によるイレギュラーな業務プロセスの存在も大きな課題といえます。このような取引は、強い立場にある顧客側の要望に起因するものも少なくありません。業者側の企業ではそう簡単にはなくすこと

ができません。一方的になくすことのリスクはとても大きなものになります。

さらに日本企業のシステム構築は、現場任せかつＩＴベンダー任せになっていることが多いため、現場の都合で細部にわたってつくり込まれているケースも多く、現場やＩＴベンダーの判断だけで、細かな複雑な仕様のシステムが構築されがちです。こうした背景がシステムの刷新・構築に、多くの費用と長い時間を要する原因になっています。

つまり、顧客からの要望に応えなければならず、またシステム構築の進め方が現場都合になっている結果、取引慣行およびシステムの刷新が一向に進まない状況を招いています。

これらの問題は、現場の判断で解決できるレベル以上の課題を含んでいます。特に顧客からの要望、業界特有の商慣習にどう対応していくかということに直面するからです。

そうした課題を処理し、決定するためには、経営の上層部の判断が必須です。これに対応する方法としてＣＩＯを長とするＢＰＲ推進チームを設けて、システム導入に並行して、課題ごとにＢＰＲの是非とその改革方法を検討し、その結果をシステム導入チームにフィードバックする仕組みが必要になります。

この結果を受けて、アドオンプログラムの開発を徹底的に少なくすれば、標準的な業務プロセスに対応したシステム構築の可能性が高くなります。

2. BPR推進チームの設置

BPRは、システム導入のプロジェクトと並行して行う必要があります。もし、プロジェクトが終わってからBPRに乗り出したりすると、システムの稼働後に、システムの仕様を変更しなければなりません。そうした煩雑さを避けるためにも、BPRはシステム導入のプロジェクトと並行して行う必要があります。

BPR推進チームは、経理・営業・生産・資材購買・開発などの部門長で編成されるチームとし、そのトップにはシステム導入のプロジェクトチームのトップを兼ねたCIOが就任します。

こうした体制の下で、システム導入のプロジェクトチームは、BPRチームにアドオンプログラムの開発の是非について諮問し、決裁を受けます。これを行うことにより、不必要なアドオンプログラムの開発を避けて、システム刷新のコストを低減するとともに開発期間の短縮を推進していくことになります。

BPRを実施し、アドオンプログラムを削減するといっても、一朝一夕に解決することは難しい問題ですが、少しずつでも継続して解決していく努力が必要です。

「価値、生む活用」実現のための体制づくりと人材育成

DX時代を戦い抜くための「IT推進体制」を確立する

DX時代に備えるための重要な課題の一つは、自社のシステムを新たに開発し、運用を自ら担う独自の開発体制を築くことです。システムの規模によって異なりますが、数十名、あるいはそれ以上の規模のメンバーからなるチームが必要で、人材獲得とともに、その育成をすることになります。同時に、従来の情報システム部を中心とした組織から、いろいろな課題に対応する組織体制の整備も必要です。CIOをトップにした組織づくりとそこに属する人員の充足、育成が大きな課題です。この課題が解消されることによりデータとデジタル技術の活用が迅速に推進されるようになるものと思料されます。

CIOをトップにしたIT組織の編成

ITを担う組織が備えるべき組織機能は、IT分野のトップマネジメント機能と、シス

テム技術を習得しシステムを開発・運用管理していく機能から成ります。

トップマネジメント機能について、その持つべき役割は、中長期のシステム分野の戦略立案とその推進ということになりますが、DX時代を考慮した場合には、その役割は大きく、重く、拡大し、DXガイドラインに定義されているように、推進の中核を担うことになります。DXの定義は「企業がビジネス環境の激しい変化に対応し、データとデジタル技術を活用して、顧客や社会のニーズを基に、製品やサービス、ビジネスモデルを変革するとともに、業務そのものや、組織、プロセス、企業文化・風土を変革し、競争上の優位性を確立すること」となりますが、これは中途半端なミッションではありません。トップマネジメントは、専門性もさることながら、幅広い視野と長期を見通す視野を持ち合わせるとともに、IT部門を統括するマネジメントの資質も要求されます。

それだけにミッションを精力的にこなすには、有能な支援チームが要求されます。

この支援チームは、CIOのミッションの遂行を支援するものですが、特にDX関連の情報収集や政策の立案、推進チームの活動管理などを推進することを使命とし、システム開発やシステム運用などの実務に関することは、役割から除かれることが望ましいと考えられます。

ITベンダー依存から卒業する「情報システム部」

DXレポートにも、「ユーザ企業のIT人材不足」が課題として取り上げられており、2025年には、IT人材が43万人不足すると予測されています。

第一章でもご紹介しましたように、日本とアメリカの一般企業と外部ベンダーにおけるシステムエンジニアの所属人数割合は、日本では、一般企業に属するSEは28％で、外部ベンダーに属するSEが72％となっており、アメリカではこの比率が逆で、一般企業に属するSEが65％、外部ベンダーに属するSEが35％です。

このように、日本のユーザ企業ではIT人材が不足しており、そのため、システムの開発、運用はITベンダーに丸投げというスタイルが習慣的に行われています。これにより種々の問題が生じており、この人材の偏在を早急に解決することが提唱されています。

ここでは、こういった状態から脱却するために、どのようにすればいいのか、ということを考えてみたいと思います。

組織構造は、「情報システム部」をベースに！

情報システム部とは別に、システム技術部門などを設立しても、双方の役割、分担、責任の所在が複雑になり無駄が多いといえるでしょう。また、互いの立場による軋轢が続くことも予測できます。それよりも、情報システム部内に、いくつかのチームを設け、チームごとに役割を明確に定めて、その能力を高めていくことがスムーズであり、ITベンダーからのバトンタッチもスムーズにいきそうです。

情報システム部内のチーム編成については、図7−4を参照ください。

まず、システム管理グループは、CIOの指示の下で、中期的なシステム関連の計画策定とその推進計画を立案し施行します。その他、サーバやネットワークなどのシステム環境に関する中長期計画の策定など、以下のような役割が与えられます。

- **中期的な基幹業務システム、技術開発システムなどの導入刷新計画**
- **中期的なシステム環境（インフラ）の更新計画策定**
- **システム運用管理、セキュリティ管理**
- **予算計画、人員計画、人材管理**

図7-4　自社開発組織体制の概要図

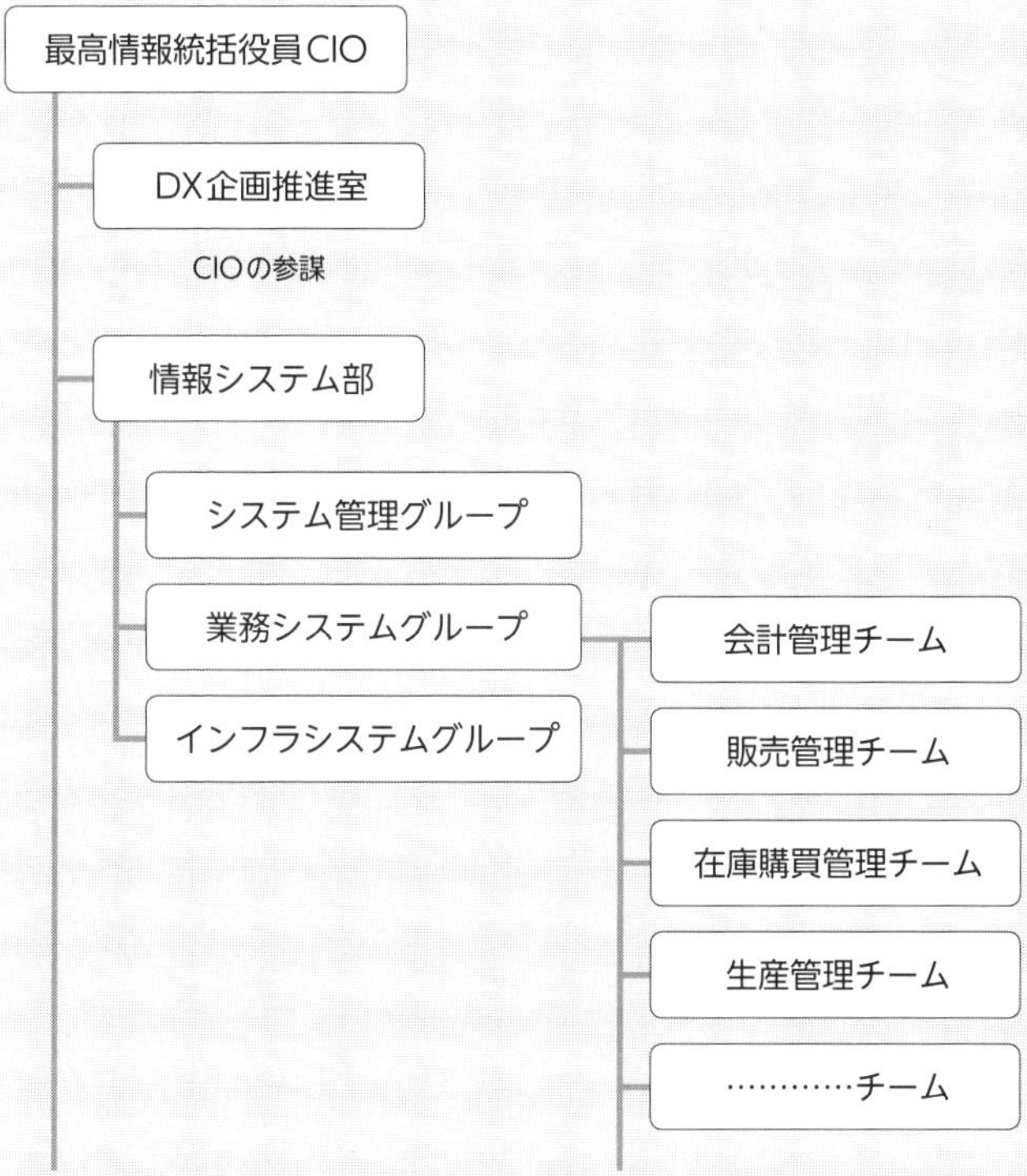

情報システム部の各システムグループは、システムの自社開発、自社運用を担う。
パワーユーザは、業務システムグループの各チームに所属し、業務部門のユーザへのサポートを担う。

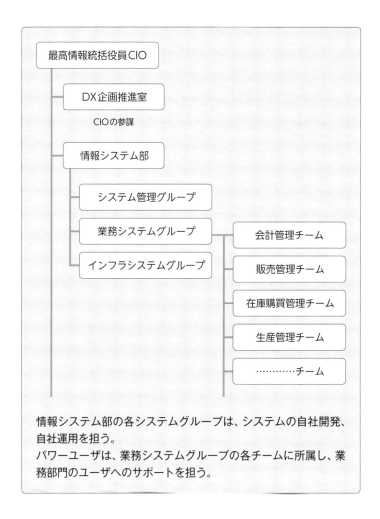

・ＩＴベンダーへの業務委託、管理

この中には、システムの開発や運用などの技術的な要素の業務は含まれてはいません。特に課題となっているＩＴベンダーの業務委託に対する管理業務は、その内容や規模については、慎重に管理する必要があります。これはこの管理グループの重要なミッションの一つです。

次は、業務システムグループです。このグループが、自社で独自にシステム開発をしていくことを担いますが、その姿はそれまでになかったもので、将来の活躍を期待されているといえます。業務システムグループの役割は、次に示す通りです。

・**業務システムの新規導入、更新時のシステム開発**
・**業務システムの運用、ユーザへの支援、活用の普及**
・**業務システムの機能向上、バージョンアップ**
・**機能追加のプログラム開発**

このグループは、基幹業務システムの会計管理、販売管理、在庫購買管理、生産管理などの分野ごとにチームを設けて、事業部門の対応する業務分野への支援、サポート、運用管理を担当することとして、システムの導入時においては、システム開発の役割を果たすものとします。

最後にインフラシステムグループについてですが、このグループは、サーバやクラウド環境、ネットワークなどのシステム環境の構築、運用管理を担います。この分野の組織については、以下のような業務を役割として与えられます。

- **サーバ、クラウド環境などの構築、設定**
- **システム監視、トラブル対応などシステムの運用管理**
- **OS、DB、アプリケーションのアップグレードの対応**
- **ネットワーク構築、セキュリティ対応、ユーザ管理など**

システム開発・運用系の人材の充足と育成

ＩＴ系の人材は、それなりに専門性が高く、優秀な人物ほどスペシャリティが高いことになります。それだけに人材の総数は少なく、期待する分野の技術を持つ人材を採用することは難しくなります。

実際、採用した人材が、専門性については申し分ないが、自社の風土には合わなかった……といった声も聞こえてきます。それでは、未経験の人物はどうでしょうか。強いて言えば、こちらのほうがリスクもないのでいいかもしれません。とはいっても、ズブの素人では足手まといになるのでは、とお考えの向きも多いと思います。ただ、若い人材は、未経験者でも技術の習得が驚くほど早いものです。学生アルバイトでも、あっという間に技術とスキルをものにします。若者を大胆に採用することが、最善の手かもしれません。

育成については、基幹業務システムの新規導入・刷新の際に、ユーザダイレクト方式におけるパワーユーザに任命する、もしくは、パワーユーザのアシスタントに任命するスタイルがいいと思います。その機会がなければ、システムの運用サポートを任せることでしょう。とにかく、ためらわずに挑戦させ、担当させてみることです。

そして、基幹業務システムを刷新する……

「ユーザダイレクト方式」で「SAP ERP」を導入する

DX時代を迎え、これに呼応するかのような「SAP ERP」の大幅な機能の向上によって、経営改革の絶好の機会が訪れました。

前述しましたように、ベンダーが、大量のシステムエンジニアを顧客企業のオフィスに派遣・駐在させ、黙々と開発を進めさせる方式は日本独特です。何十年も前の大型汎用コンピュータ時代の名残りといえるのでしょう。

当時は、国内の大手企業や一部の外資系企業が、独自に大型汎用コンピュータを開発・競争していた時代であり、同時に、ハードウエア、OS、プログラム言語も独自のものを開発して、固有のシステムとして完結させていました。

そのシステムを導入した企業は、機器もそのメーカーのものでしたから、自ら取り扱うこともできずに、システム開発や運用も、そのメーカーに任せるしかありませんでした。

企業は自身が顧客にもかかわらず、蚊帳の外に置かれることになったのです。ユーザ企業のＩＴベンダーへの丸投げ、依存体質のルーツはここにあります。

こうした習慣から脱却し、ユーザ企業自身がシステム開発力を持ち、自身の意思を反映する、効率的な基幹業務システムの刷新を早急に進めることが大きな課題ですが、この課題解決に適合するシステム導入方法が、「ユーザダイレクト方式」です。

「ユーザダイレクト方式」は、ユーザに「ＳＡＰ ＥＲＰ」に関するスキルトランスファーを実践して、人材育成のきっかけをつくり、さらには、ユーザ企業自身の意思を反映させながらシステムの構築を進め、満足度の高いシステムの導入を実現します。

さらにそのシステムの稼働後においても、引き続き、「ユーザダイレクト方式」の考え方に基づくシステム運用によって、システムの機能やユーザのスキル向上を図って、「価値、生む活用」を目指します。

さらに、その過程において、独自開発要員として増員する人材の育成を支援していくことにもなります。

「ＳＡＰ ＥＲＰ」は、「ＳＡＰ Ｓ／４ＨＡＮＡ」へのアップグレードと周辺ソリューションの拡充により、これまでにない機能向上を果たしました。

その第一は、インメモリーデータベース「SAP HANA」の採用により、データの収集分析スピードが1万倍といわれるレベルに向上したことです。これは、ほかでは決してあり得ない水準で、1億件のデータでも、ネットワークなどの条件を整えれば1秒間で収集し、分析表示できるという優れものです。

この高速データ処理能力を、何にどう使うかということを考えるだけでもウキウキするのではないでしょうか。

これに加えて、操作画面「SAP Fiori」の採用で、システムの使い勝手を格段に向上させています。

トップ画面を開くだけで経営状態を即時に把握でき、全社に同様の指標を示すことで、全世界のグループ企業の役員、従業員にまで共通のメッセージを認識させられるようになりました。これによって、全社の一体感が、飛躍的に向上するものと思われます。これまではできなかった、メッセージの力を発揮する手段が持てることになるのです。

さらには、そのトップ画面には、担当ごとに業務処理ツールも表示させることができますので、業務効率は一段と向上するものと考えられます。

もう一つの機能向上は、「SAP S／4HANA」の周辺ソリューション充実ですが、それには、目を見張るものがあります。

周辺ソリューションは、以下の通り、数多くのものが設定されています。

- SAP Analytics Cloud
- SAP® Ariba®
- SAP® Fieldglass®
- SAP® Concur®
- SAP® SuccessFactors®
- SAP Customer Experience
- SAP Cash Application
- SAP Integrated Business Planning
- SAP Digital Manufacturing Cloud
- SAP GRC

図7-5　SAP S/4HANAとその周辺ソリューション群

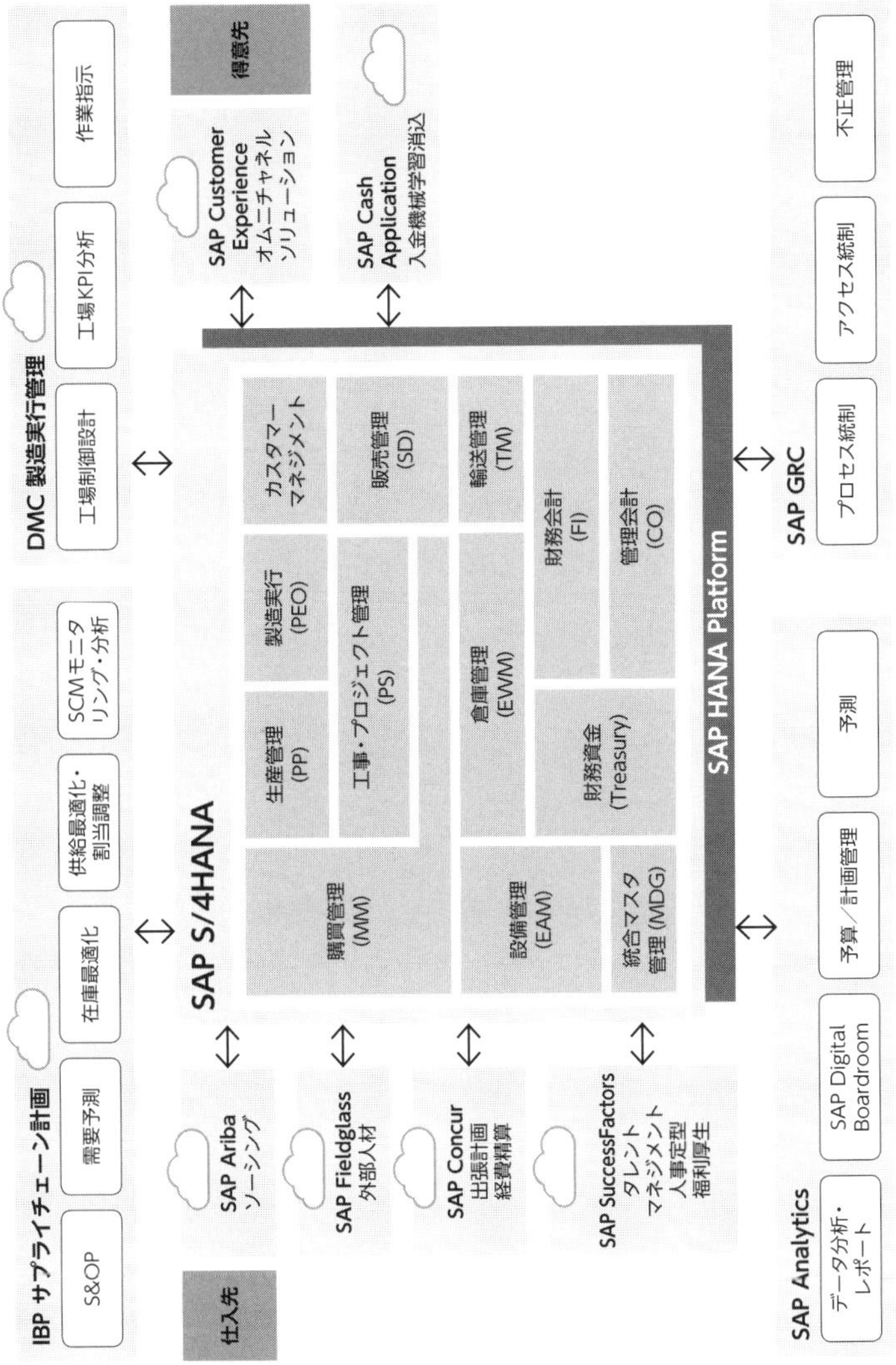

（出典：SAPジャパン）

これらのソリューション群は、「SAP S／4HANA」がERPとしての基本的な機能、基本的な業務処理、情報の提供であったのに対して、「SAP S／4HANA」では処理し切れない、さらに詳細な実務処理機能を網羅していきます。「SAP S／4HANA」を大動脈とするなら、これらのソリューション群は、全身の末端まで張り巡らされている毛細血管のような役割を果たすものです。

例えば、「SAP SuccessFactors」でいえば、従業員個々の詳細なデータが記録され、本人、上位者は必要な情報が常に参照でき、本人の住所などが変更されれば、自身の端末から簡単に関連事項の変更、申請手続きが完了できます。また、別の側面では、応募者の管理から採用に関する手続き、さらには育成からそれ以降に至るまでの事項が管理されるなど、人事管理の情報と処理機能、管理機能のすべてが網羅されています。もちろん人材の戦略的なマネジメントに至るまで完璧につくり込まれています。

こうしたコンセプトは、「SAP SuccessFactors」に限ったものではなく、「SAP Analytics Cloud」「SAP Ariba」など、それぞれにこれでもかというほどに充実しているのです。この「SAP S／4HANA」の周辺ソリューションを使いこなすだけで、相当広範囲の業務について、苦もなくDX化を実現することになります。これは、かなりの驚きといえるでしょう。

第八章

DX推進に活用できるSAP製品

「SAP S／4HANA」とSAP製品ソリューション群

「価値、生む活用」を強力に支援するSAPの周辺ソリューション群

「SAP S／4HANA」は基本機能に加えて、スマートフォンやタブレット端末からもSAP製品を利用できる操作画面「SAP Fiori」など新しい機能が次々に追加されてきたことで、利便性が大きく向上しています。

さらに製品周辺のソリューション群も充実してきており、これらの進化によって「SAP S／4HANA」はDXへの対応能力が一段と強化されています。

これは、基幹業務システムを事業競争力強化の武器として活用できるようになってきているということで、まさに情報システムの「価値、生む活用」が実現できる状態だといえます。

「SAP S／4HANA」の主な周辺ソリューションとしては、次のようなものがあります。

①データ分析ソリューション「SAP Analytics Cloud」
②購買ソリューション「SAP Ariba」
③経費精算ソリューション「SAP Concur」
④サプライチェーン計画ソリューション「SAP Integrated Business Planning」
⑤人事給与計算ソリューション「SAP SuccessFactors」

これらの多くはSAP社の提供するインメモリデータベース「SAP HANA」を基盤としたクラウド環境に構築されているクラウド版(SaaS製品)で、高速処理が可能な上、大量データの管理ができるという特長を持っています。

そのため、各種ソリューションで扱う膨大なデータを使った処理なども軽快に行うことができます。

こうした周辺ソリューション群を活用することで、管理対象として収集する情報量を大幅に増やすことができ、さらに幅広い機能を利用できるようになって、より精密な業務管理を行うことが可能になります。

SAPソリューション群は、まさにDXの推進を強力に支援してくれるもので、先にも述べた通り、今まで単なる管理システムに過ぎなかった基幹業務システムを、事業の戦闘力を高める武器へと進化させてくれるものだといえます。

ちなみに、「SAP S／4HANA」は、クラウド版とオンプレミス版の両方が提供されていますので、ユーザ企業は自社に適した形態を選択することができます。

例えばクラウド版なら、インフラ環境を整備しなくてもすぐに利用開始できるという簡便さがある一方、標準機能以外で自社が希望する機能を追加することには制限があります。

またオンプレミス版では、システムを構築する際に「SAP S／4HANA」を搭載するインフラ環境を自社で準備しなければなりません。それはAmazon Web Services（AWS）やMicrosoft Azureなどのクラウド環境上でも構いませんし、自社の保有する物理サーバ上でも構いませんが、いずれにしてもインフラ環境は自社で用意する必要があります。

SAP製品周辺・ソリューション群の特長

代表的な五つの周辺ソリューション

ここでは周辺ソリューション群について、簡単にそれぞれの特徴をご紹介していきます。

1．データ分析ソリューション「SAP Analytics Cloud」

データ分析機能を持つクラウド製品で、「データ分析・可視化（BI）」「予算計画管理（Planning）」「予測・影響分析（Predictive）」という三つの機能を提供します。分析に使うデータを「SAP S/4HANA」や「SAP HANA」のようなSAP製品だけでなく、GoogleドライブやSalesforce、Excelといった他社の製品からも収集・集約することが可能になっています。

集めたデータは、「製品」や「地域」など分析を行う際の切り口となるディメンション（＝データソースの分析軸）と、「売上金額」や「売上個数」といった数値指標となるメジャー（＝データに意味を与える数量）に自動分類され、すぐに分析に利用できる形で取り込むことが可能です。「SAP S/4HANA」や「SAP HANA」などの特定のSAP製品とはリアルタイムでデータ連携することもでき、分析するデータをクラウド上に保存するのではなく、処理ごとに最新のデータを取得しにいくため、常にリアルタイム情報を使った分析を行うことができます。そして、基本的にプログラミングなしで各種処理を行えるよう設計されているため、利用者のスキルに依存することなく、分析や予測などが行えるようになります。ちなみに、スマートフォンやタブレット端末など様々なデバイスからも操作できるので、いつでも、どこからでも「SAP Analytics Cloud」を利用することが可能です。

さらに「SAP Digital Boardroom」とともに利用することで、経営会議などの場で、プロジェクタの大画面に複数のダッシュボードを表示させ、情報の共有を行うことができます。会議のために資料を作成する手間がなくなるほか、その場でリアルタイムにデータ分析を行ったり、シミュレーションを行ったりすることも可能です。モニターを役員室や営業部門のオフィス、工場などに常設すれば、それぞれが必要とする情報を、常時、参照できるようになります。

また、「SAP Analytics Cloud」を活用することで、今まで蓄積してきた膨大なデータ資源(ビッグデータ)を使った様々な分析を、効率的に、迅速に行うことが可能となります。例えば、分析結果を長期経営計画立案時に活用、社内外のデータを収集・集約する工数を削減、最新のデータを使った情報の可視化やプログラミングなしでの高度な予測を実現、といった多くのことを効果的に行うことができます。

次に、「データ分析・可視化（BI）」機能ですが、次のようになります。

- ドラッグ&ドロップやボタンのクリック操作のみで豊富な表やグラフ（棒グラフ、折れ線グラフ、バブル図・地図、散布図ほか）を作成。位置情報（緯度と経度）と地理マップを使い地図上に地域ごとの販売実績を表示させ、各々の差異を可視化することも可能。
- 関連する表やグラフを一画面にまとめた見やすい分析ダッシュボードを作成し、複数の分析結果を一覧で即座に確認することが可能。作成したグラフや表、ダッシュボードは他のユーザと共有することもできるので、同じ分析結果を各自デバイスの画面で見ながらチャットなどで議論をすることもできます。
- ドリルダウンやフィルタリングにより見たいデータのみ抽出することができ、効率的に分析結果を活用することも可能。ＡＩを使った自動分析もできますので、グラフから読み取れる情報を文章で可視化することで、人の目には見えなかった関連性などが浮かび上がってくることもあります。

図8-1　経営管理者が必要とする情報をグラフィカルに表示

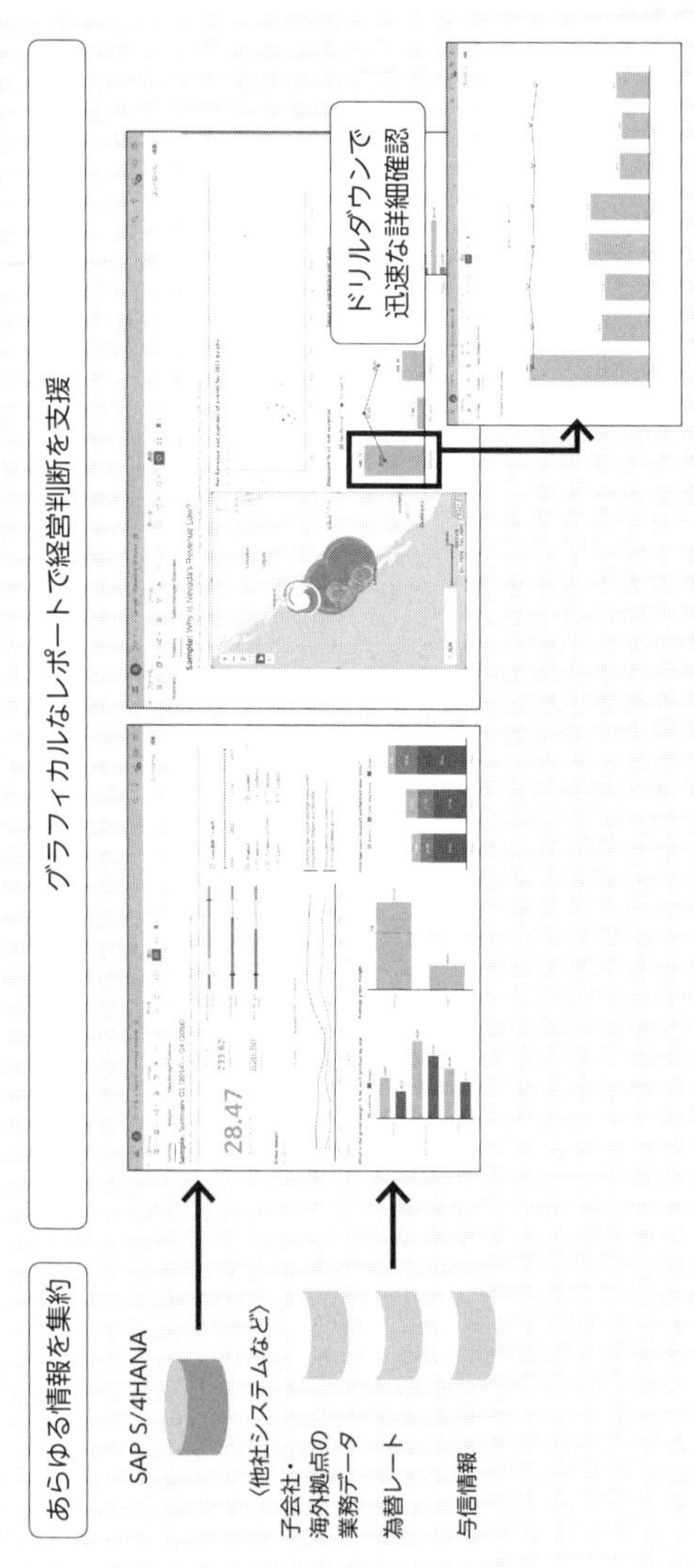

2. 購買ソリューション「SAP Ariba」

これは、190ヵ国420万社以上といわれる多数の買い手と仕入先が参加する世界最大の購買ネットワーク「Ariba® Network」をバックボーンとする購買業務に特化したクラウド型ソリューションで、「仕入先管理」「調達・購買」「請求書管理」などの機能を提供します。

買い手側企業は「SAP Ariba」を活用することで、調達業務の自動化・最適化を実現し、より戦略的な調達を行うことが可能となります。具体的な機能としては、見積書や発注書の送受信、出荷通知・入荷処理、請求書の送受信、支払いの送受信等の調達業務を最適化・自動化します。これによって発注・検収・請求の数字にズレがないかを自動で照合することや、伝票上のミスや不正を支払い前に差し止めることが可能となります。

また多数の仕入先へ調達したい商品情報を提示し、回答（入札機能）をもらうことができるため、より条件に合う仕入先を世界中から探し出し、購買コストの削減や仕入先選定の最適化を実現することができます。また、仕入先企業が「SAP Ariba」で登録している電子カタログによる売買を行うことも可能です。

さらに「SAP Ariba」で仕入先の選定から請求書の送受信までを一元管理することで、コンプライアンスの強化を図ることができます。ユーザに対して「SAP Arib a」で行える処理の制限や、取引履歴のシステム保存により、仕入先との癒着や職務分掌の範囲を越えた業務の遂行、発注業務フローを遵守しない手続きなどの不正取引の発生を防止したり抑制したりすることも可能です。

ペーパーレスの観点からも、「SAP Ariba」を利用することで企業間の受発注業務を電子的に完結させるようになり、紙による発注書・注文書の発行や受領、出荷・入荷処理、請求・入金処理をなくすことができます。

また「SAP Ariba」は購買ソリューションとして単体で利用することも、「SAP S/4HANA」などの各種「SAP ERP」パッケージや他社の業務基幹システムと連携して利用することも可能です。特にSAP製品間での連携については簡単、かつシームレスに接続できるよう設計されています。

一方、仕入先企業は「SAP Ariba」の無料アカウントを作成し、自社の製品情報を登録して「SAP Ariba」の利用を始めることができます。買い手側企業が製品情報を見て問い合わせがくることで取引が開始されます。

取引を行っている買い手側企業がすでに「SAP Ariba」を利用しているケースで、取引を「SAP Ariba」で行いたい場合は、買い手側企業から仕入先となる企業に「SAP Ariba」の招待状が送られてきます。招待状からアカウントを作成することで買い手側企業と「ＳＡＰ Ａｒｉｂａ」で取引を開始することが可能です。
それでは「ＳＡＰ Ａｒｉｂａ」の機能である「仕入先管理」「調達・購買」「請求書管理」の各機能について詳しくご説明します。

【仕入先管理】

・仕入先の信頼性を担保するための情報を一元管理することができます。これによって信頼性の高い仕入先と取引することが可能となり、購買に関するリスクを低減し、効率的な業務遂行を実現できるようになります。

・仕入先の分析結果や業務内容、リスクを一つに集約して表示できる画面が提供されており、仕入担当者はその画面を見るだけで仕入先の全情報を確認することができます。

・ニュースサイトや政府データ、災害情報システム、公的および私的なＷＥＢサイトなど、50万以上の情報ソースから収集した市場調査データにアクセスすることができ、これらのデータを見ながら仕入先のリスク分析を行うことで、より現状に即したリスク管理を行うことができます。またリスクインシデントを追跡することも可能で、自動でリスクに関する警告を発信する機能も提供します。

・仕入先は単発ではなく継続的に評価し続ける必要がありますが、仕入先との関係を継続的に評価することが可能となっており、仕入先のリスクに関して常に最新の状況を把握することができます。

【調達・購買】

・自社の購買基準に準拠しながら商品やサービスを調達できるようになっており、購買担当者のスムーズな業務遂行をサポートします。購買基準に準拠して業務を行うことで、自社の規定に沿って効率的な業務を行うことができます。

・「SAP Ariba」と「SAP S／4HANA」間では購買や請求書情報がシームレスに連携され、伝票登録の二度手間なども必要なくなります。これにより「SAP Ariba」を使わなくても、「SAP S／4HANA」を見ることでリアルタイムに購買状況をキャッチすることが可能となります。

・「SAP Ariba」を使うことで、購買リードタイムの短縮や仕入先コストの削減、業務の効率化を実現することができます。

・海外で事業や支社を展開する企業では、海外でも購買が行われますが、「SAP Ariba」を利用することで、世界中のどこからでも、仕入先、業務プロセス、予算、承認や支払い状況などを管理し、適正な業務内容になっているかどうかを確認することができます。

・「SAP Ariba」で調達業務を一元管理することは、調達・購買における様々なリスクとコストの低減に非常に有効です。

【請求書管理】

・請求書をデジタル化して管理することができます。これにより紙の請求書を管理する手間やコストを削減することが可能です。

・請求書処理を画面上で完結できるため、不正を防止し、企業におけるコンプライアンスを強化することができます。

3．経費精算ソリューション「SAP Concur」

日本企業では、働けば働くほど交通費や接待費、宿泊費などの経費が増大し、従業員は精算処理のために出先から一旦オフィスに戻って、一枚一枚、領収書の金額を確認しながらシステムに手入力する、といった作業を繰り返しています。経費精算のために残業までしなければならないケースも少なくなく、日本のビジネスパーソンは、この作業のために生涯で52日もの時間を費やしているともいわれています。

こうした従業員の労力は、人件費換算で年間約1・8兆円にも上り、企業側の領収書保管コストなども合わせれば、日本企業は実に毎年2・2兆円ものコストを経費精算のために費やしていることになります（※金額情報はSAPジャパン社ホームページより）。

また近年、中堅・中小企業は様々なリスクへの対応やコンプライアンス強化といった問題に直面しており、取り組みの巧拙が自社の成長や長期目標の達成に大きな影響を与えるようになっています。

従って、リスクとコンプライアンスの管理は喫緊の課題だといえますが、現在、適切なITツールを導入していない中堅・中小企業においては、従業員による経費の不正申請や、監督当局から罰金などを科せられるリスクがより一層高まることになります。

そこで、経費精算処理のムダをなくし、さらにキャッシュフローの透明性を高めて経費の不正申請や不正支出による損失リスクを低減してくれるソリューションが求められますが、それがまさに「SAP Concur」です。

「SAP Concur」は、経費精算・請求書管理の業務を効率化するためのクラウドソリューションで、「経費精算・管理」「出張管理」「請求書処理」という三つの機能を提供します。

そして従業員は、経費精算処理や請求書管理をクラウド上で完結することができ、いつでも、どこででも経費精算ができるようになります。また、ペーパーレスでの対応を行うことも可能です。

また「SAP S/4HANA」との自動連係設定を簡単に行うことができ、SAP製品以外の各種基幹業務システムと連携することも可能です。もちろん「SAP Concur」単体で利用することもできます。

実際に提供されている主な製品群としては、従業員の経費精算・管理を支援する「Concur® Expense」、仕入れなど経費管理に焦点を当てた「Concur® Invoice」、そして出張関連の「Concur® Travel」が挙げられます。それでは順番に見ていきましょう。

【Concur Expense（経費精算・管理）】

・交通費や接待交際費などの立替経費の精算を自動化します。

・交通系ICカードや法人カード、JapanTaxiやUberなど、外部サービスと連携して、経費明細情報を自動で取り込むことができます。

【Concur Travel（出張管理）】

・外部アプリと連携して、出張先や交通手段の予約を行うことができます。これによって出張の手配から出張者の危機管理まで、出張管理業務全体を効率化することができます。

・「Concur Travel」と「Concur Expense」を一緒に活用することで、出張の手配から帰社後の経費精算までを、一気通貫で効率化することが可能となります。

【Concur Invoice（請求書処理）】

・郵送やメールで届く請求書を、ＯＣＲや入力代行サービスを経由してシステムに入力することができます。従来のような手入力の手間は不要です。
・スマートフォンなどで撮った領収書等の画像からテキストデータを自動的に抽出し、仕訳データを生成することができます。

4．サプライチェーン計画ソリューション

「SAP Integrated Business Planning」

サプライチェーン計画を管理するためのクラウド製品です。販売事業計画や需要予測、需要主導型補充計画、在庫計画などを行うための機能を提供します。機械学習などのＡＩ機能を利用して、資材所要量計画や需要予測の最適化を支援します。

現在では、消費者の好みの多様化と、それに伴う製品バリエーションの増加、インターネットやソーシャルネットワークでの情報拡散による消費者需要の大きな変動などを要因として、需要を予測することがますます困難になってきています。加えてグローバル化の

進展や配送要求の短時間化など、モノを供給するためのサプライチェーンの複雑性や供給リードタイムの変動要因も増しています。

その結果、顧客満足度を維持しながら在庫量を最適なレベルに保っていくことは、どの企業にとっても一段と難しい課題になっていることが予想されます。こうした問題を解消するのに役立つのが「SAP Integrated Business Planning」になります。

ここには、最適なサプライチェーン計画の立案をするための様々な機能が搭載されており、担当者の頭を悩ませている販売計画や生産計画の立案業務を助けてくれます。

その一例として、過去の実績を基に補充計画を立案してくれる需要主導型MRPという機能があります。

これは、従来型MRPとリーン生産方式を組み合わせた計画方式で、組み合わせることで従来型MRPとリーン生産方式における計画時の弱点を克服します。単一拠点ではなく、サプライチェーンを包括的に見て在庫配置を決める点や、安全在庫・発注点・最大在庫等の保持する在庫数量(バッファレベル)を需要変動に合わせて動的に見直していく点などが、この、需要主導型MRPの大きな特長です。

こうした需要主導型MRPを活用することで、市場・顧客の実需変動に基づいて効果的にサプライチェーン全体の在庫管理と補充を行うことができます。さらにサプライチェーン全体を俯瞰して在庫配置を可視化・管理し、顧客需要や供給リードタイムの変動を捉えて定期的に在庫数量を調整することによって、顧客サービスレベルと在庫レベル両方の最適化を実現することができます。

ほかにも「SAP Integrated Business Planning」が提供する具体的な機能として、次のようなものが挙げられます。

・各種制約情報を加味した供給計画の立案
・機械学習による例外の検出
・管理しているデータを使った分析（表やグラフの作成、ダッシュボードの作成）
・Ｅｘｃｅｌと連携し、Ｅｘｃｅｌ画面上で「SAP Integrated Business Planning」のデータと機能を使った計画立案やシミュレーションをして、結果のフィードバックを行う

これら以外にも、多数の機能が「SAP Integrated Business Planning」には搭載されています。

また、「SAP Integrated Business Planning」と「ＳＡＰ Ｓ／４ＨＡＮＡ」を連係させることが可能です。

「SAP Integrated Business Planning」で作成した計画を基に、「ＳＡＰ Ｓ／４ＨＡＮＡ」で実行のためのアクションを行い、さらにその結果を「SAP Integrated Business Planning」

にフィードバックすることで、実績データを基にさらに精度の高い計画を立てていくことが可能となります。

5．人事給与計算ソリューション「SAP SuccessFactors」

従来の「SAP ERP」に存在している人事給与計算モジュール「SAP ERP HCM」に代わって提供される人事給与計算ソリューションです。

「SAP S／4HANA」では、従来の「SAP ERP」に搭載されていた人事給与計算モジュール「SAP ERP HCM」をそのまま継続して利用することはできますが、今後は「SAP SuccessFactors」に移行していくことになります。

「SAP SuccessFactors」は、SAP社から提供されるクラウドサービスで、ユーザは使用契約さえ済ませれば、サーバやデータベース、アプリケーションなどのシステム環境を準備する必要もなく、直ちに人事・給与計算機能を使用することができます。

またクラウドサービスになったことで、システムのメンテナンスはすべてSAP社側が対応してくれますので、ユーザへ側には一切負荷が生じません。

従来のオンプレミス型の「SAP ERP HCM」の利用時において、ユーザ自身で行っていたサーバのメンテナンスや毎年1～2回は行われる法改正に対応するための、修正ソフトの適用といった作業から解放されるのです。

これだけでもユーザにとっては、歓迎すべきメリットだといえます。

「SAP SuccessFactors」は、この図8－2に示す通り、人事の定型管理業務と戦略業務に必要な機能を網羅的に提供するクラウドサービスです。人材に関する多岐にわたる情報を一元管理する「人材情報データベース」を中心に、コアの人事業務や要員計画／要因分析を支援するサービスを提供しています。こうしたサービスを使うことで、人事部門は、必ずしなければならない管理業務と戦略的な人材マネジメント業務の双方を、単一のクラウドプラットフォーム上で行うことができるよ

図8-2　SAP SuccessFactorsの機能構成

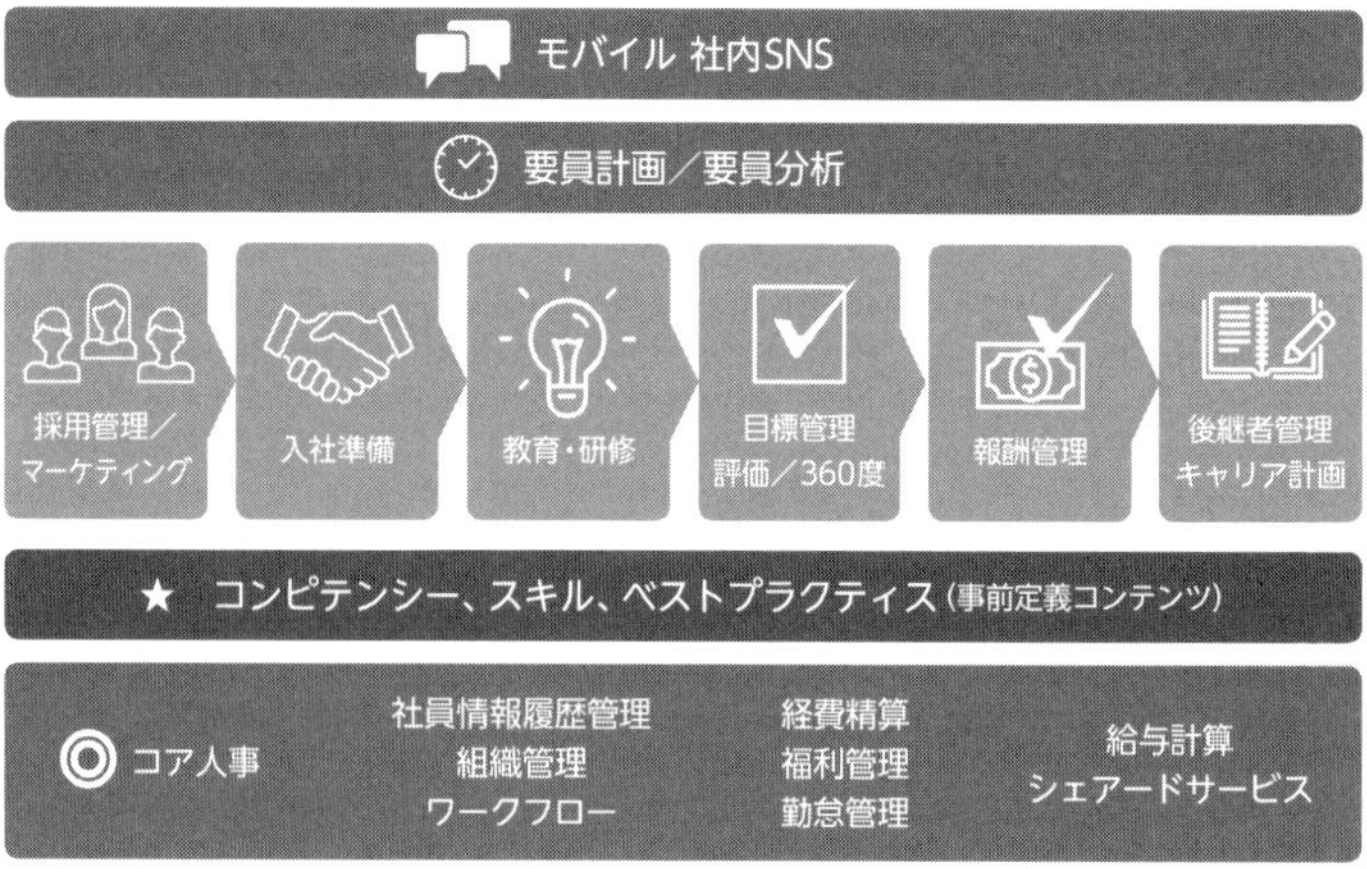

（出典：SAPジャパン）

うになります。

「SAP SuccessFactors」の「人事データベース」には、採用管理、人事異動、組織図、勤怠管理、給与管理、福利厚生、研修管理、能力管理、目標管理、社内SNS機能など、人事に関するすべての要素が盛り込まれています。これにより人材の採用から配置、育成、活用、後継者の管理まで一貫して展開することができます。

さらに注目すべきは、包括的な人材マネジメント機能が利用できることです。採用管理／配置／育成／評価といった一連の人材育成プロセスを一括して運用することにより、関連する人材情報が自動的に集約されるため、選抜や配置、育成など業務効率を高める人材の育成や活用に関する施策を、効率的に展開することができます。また「SAP SuccessFactors」には人材情報を出力できるレポート機能に加え、人事指標をダッシュボードで簡単に参照できる仕組みが用意されています。この機能を利用することで、組織全体の人材状況から従業員個別の情報までを簡単かつ迅速に参照することができます。

また、「SAP SuccessFactors」は、人事部門だけが利用するシステムではなく、全社員が利用する人事システムでもあります。扱う情報の中には、個人のパーソナルデータ（住所・家族）や給与明細など、本人とその上司・人事部門にしか公開できないような情報も含まれます。そのため、参照・編集できる情報や利用できるサービスは、部門・部署・職位・職務などによって厳格にコントロールすることが可能となっています。
　このように「SAP SuccessFactors」では、強力な統制を効かせることで、人事担当者を含む企業の全社員が、自分たちに必要な人事の情報やサービスにアクセスし、人事・人材にかかわる業務を高効率に回せる仕組みを実現します。

　参考となりますが、「SAP SuccessFactors」のマイページからは、従業員が自分の情報にアクセスして住所変更などのデータ更新を行うことも可能で、情報を変更した時点で、そのまま会社に対する住所変更の申告や承認申請を出すことができます。さらに、自分の給与明細や源泉徴収票も確認できるほか、扶養控除などの申告もペーパーレスで行うことができます。

インフラとして多くのメリットを提供するクラウドサービス

オンプレミスからクラウドの時代へ

ここでは、「ＳＡＰ ＥＲＰ」などの周辺ソリューション群に直接関係する内容ではありませんが、「ＳＡＰ ＥＲＰ」を導入する際に必要となるシステムのインフラ環境についてご紹介します。

新規に「ＳＡＰ ＥＲＰ」を導入する場合には、そのシステムを搭載するインフラ環境を用意する必要があります。

まず最初にしなければならないことは、用意するサーバやネットワーク回線の仕様・サイズを決めるサイジングと呼ばれる作業です。導入するアプリケーションと、会計管理／販売管理／生産管理など導入する機能、必要なデータ保管容量、ユーザ数、ＯＳなどを決定し、試算してシステムの負荷を見積もり、導入するサーバのＣＰＵやディスク容量などを決定します。

この作業には専門的な知識や経験が要求され、これを正確にできなければ、過剰なスペックのサーバを導入して無駄な初期費用を支出したり、逆に能力を小さく見積もり、容量が不足した環境を導入してシステムの動きが遅くなったり、最悪の場合、システムダウンを招くような結果になってしまいます。

サイジングが完了すると、次にサーバを発注することになりますが、納入までのリードタイムも数ヵ月は見込んでおく必要があります。

このように自社でサーバを購入して設置する形態をオンプレミスと呼びますが、この方式の場合、余裕を持ってサイジングする必要があるため、過剰スペックがしばしば問題になります。

こうしたサイジング時の過剰スペックの課題を解決するためには、柔軟かつ迅速に弾力的なリソースの追加が可能なクラウドサービスの利用が有効です。

周知の通り、コンピュータの処理能力の飛躍的な向上やインターネットの普及、仮想化技術の登場、データセンターの普及などによってクラウドサービスが登場して普及してきました。コンピュータを自社で購入して運用する時代から使用料を払ってサービスとして利用する時代に突入したのです。

クラウドサービスを利用するメリットとしては、まず自社でサーバなどを準備する手間や時間が不要になることが挙げられますが、これに伴って、次のような数々のメリットが生まれます。

- **多額な初期投資が必要なくなること**
- **システム環境を維持管理する人材や施設を必要としないこと**
- **システム環境のスペックを柔軟に拡張、縮小できること**
- **セキュリティ、ネットワークなどの高度な管理機能が提供されること**
- **災害発生に対するシステムの安全性が高いこと**

参考までに、プラットフォームタイプのクラウドサービスとしては、Ａｍａｚｏｎが提供する「Amazon Web Services（ＡＷＳ）」、Microsoftが提供する「Microsoft Azure」、Ｇｏｏｇｌｅが提供する「Google Cloud Platform」などがあります。

クラウドサービスを使用する際の留意点

「SAP ERP」のインフラ環境として、数々のメリットを提供してくれるクラウドサービスですが、実際の利用に際しては留意しておくべきポイントもいくつかあります。

まず、システムで利用するデータがクラウドサービス事業者側のサーバに保管されることになるので、何かしらの理由で万一サービスが停止した場合、システムそのものが利用できなくなるリスクがあります。

また業務アプリケーション以外（＝システムインフラ部分）でトラブルが発生した際、ユーザ企業側ではその原因が把握できない、トラブルへの対処ができない、責任の所在がわからないといったリスクがあります。

さらに、必要な費用がどの程度になるのか事前に把握しにくい、使ってみなければわからないという事態も想定され、長期的に見ると費用が高額になる可能性もあるので注意が必要です。

最後にクラウドサービスでは、インターネットを介してデータなどがやり取りされることなどから、十分な情報セキュリティ対策が施されたサービスを選択することが大切です。

今後は、より有用なクラウドサービスを提供するベンダーが増加してくることによって、サービスのメニュー、利用料のバリエーション、サービスの信頼性などが多様化してくると見込まれます。

Column

「人材育成」

若く、フレッシュな新人は、知識の吸収力が抜群です。特に、社会人になりたての20歳前後は最高でしょう。そうした人材を、短期間に効率よく育成するには、座学よりも実際に仕事のテーマを持たせることです。彼自身が責任を持って完成させなければならないことを、仕事として与えることだといえます。未経験でも構いません。その仕事のオーナーにします。オーナーとして、そのすべてを実行して完了させることを義務とします。最初は小ぶりなテーマを、そして順次、大きなテーマに……。

課題を与えた上司は、オーナーの仕事の進み具合をそれとなく観察し、必要なタイミングでアドバイスだけします。その内容は、取るべき手段についてのヒントを与えること。XXを調査した方がいいね、○○のまとめ方はこんな感じが良くないか、YYさんに教えてもらうといいよ、といった仕事の進め方を中心にアドバイスをします。

最初の工程ができたら褒めて、次の工程に移させます。仕事の遅れがほかに影響する場合には、関係先と調整しておきます。指示者は、作業に一切手出しをしてはいけません。本人が悪戦苦闘して、成し遂げることに意味があります。一度それを経験すると、次のテーマで支援しなければならないことが大幅に減少します。同じようなテーマであれば、三度目には、ほとんど自立していきます。

リーダーは、我慢強くなければいけません。

Column

「『峠の茶屋』おいしいものはどこでも売れる」

都会からはるか離れた里山の峠に、一軒の茶屋がありました。そこは街から、車で一時間以上かかります。その茶屋は、年老いた老婆が一人でやっていました……。

近くには民家もなく寂しい地域です。でも、週末になるとたくさんの人がその茶屋にやってきます。

みなさん、いつも静かに列をなして、自分の番がくるのを楽しみに待っています。その茶屋は、田舎まんじゅうを作って売っています。みなさん、それを求めて遠くからやってくるのでした。

それは休日だけでなく、平日であっても、多くの人がお饅頭を求めてやってきます。みなさん、このおばあちゃんのお饅頭がおいしくて、「ついつい来てしまうのです」と口をそろえて語ります。
おいしいものには、どんなに遠くても、こじゃれた店でなくとも、お客様は、必ず来てくれます。

いい仕事を続けていると、それがお客様からの口コミで、たくさんの方々に伝播されます。これが、究極のデータの活用ではないでしょうか。DXの基本ですね。

あとがき

DX、そして「データとデジタル技術の活用」という強く大きな流れが怒涛のごとく押し寄せています。いろいろと調査した上、本書を執筆していると、多くの事象に接し、そんな実感が襲ってきています。

その予兆は10年、20年前から始まっていたと思いますが、それはまだ我々の生活を大きく揺るがすほどのものではありませんでした。しかしながら、今、始まっていることは、継続して拡大していくものです。従って将来的に、一般市民の生活はどんなことになるのか、想像もつきません。また、そこで間違いがあったとしても、引き返すのが難しいことになるのではないかと懸念しています。かといって、この流れに乗らないで乗り遅れてもいいかというと、それはそれで宜しくないことになりそうです。まだ、どうしたら良いのかという解は見えていませんが、結果的に、これまでと違った、調和ある社会が生まれてくればいいのではないかと期待もしております。

一方、日本が、ITに関して周回遅れになっていると危惧する論調が多くなっています。

このままでは、世界第二の経済大国であった日本が、技術的にも、経済的にも三流国に成り下がってしまいます。今の政府の政策の稚拙さを見ていると、その実感が湧いてきます。しかしながら、今は周回遅れでも、「データとデジタル技術の活用」という世界が見えてきたときには、あっという間に世界の頂点に立つことは間違いありません。その進展が楽しみです。

本書の出版にあたり、ＳＡＰジャパンの松井昌代氏、赤坂道保氏には、多くのご支援をいただき厚く御礼申し上げます。

また、本書の執筆、編集には、プレジデント社の金久保 徹様、レッド オウル社の西山毅様に、的確なアドバイスと温かいプレッシャーをかけていただき深謝申し上げます。さらに、コロナ禍で、コミュニケーションがままならない中、一緒に企画、調査、執筆してくれた磯谷博美さん、中島美央さん、石井郁美さん、ありがとうございました。

風花を愛でて、みずきよらかに流れる風情にて、しばらくコロナを忘れたいですね。

２０２１年６月吉日

株式会社ソフテス 会長 鈴木忠雄

経営革新

SAP ERPとDX
「データとデジタル技術の活用」

2021年7月30日　第1刷発行

監　修　加藤真嗣
著　者　鈴木忠雄、磯谷博美、中島美央
発行者　長坂嘉昭
発行所　株式会社プレジデント社
〒102-8641
東京都千代田区平河町2-16-1 平河町森タワー13階
https://www.president.co.jp/　https://presidentstore.jp/
電話　編集　03-3237-3733
　　　販売　03-3237-3731

販　売　桂木栄一、高橋 徹、川井田美景、森田 巌、末吉秀樹
構　成　西山 毅（レッドオウル社）
進　行　石井郁美
装　丁　鈴木美里
組　版　清水絵理子
校　正　株式会社ヴェリタ
制　作　関 結香
編　集　金久保 徹

印刷・製本　大日本印刷株式会社

本書で紹介しているSAP社のERP製品は、一括して「SAP ERP」と表記しています。また、「SAP ERP」はSAP社の特定製品およびサービスを表すものではなく、あくまでも本書で使用する総称となります。

ISBN　978-4-8334-5181-9
Printed in Japan